入局：

短视频策划
与运营实战

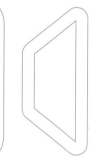

@华少　刘佳佳 / 编著

中国科学技术出版社
·北　京·

图书在版编目（CIP）数据

入局：短视频策划与运营实战 / 华少，刘佳佳编著 . -- 北京：中国科学技术出版社，2021.5（2021.7重印）

ISBN 978-7-5046-9019-7

I. ①入 …　II. ①华 … ②刘 …　III. ①网络营销
IV. ① F713.365.2

中国版本图书馆 CIP 数据核字（2021）第 063929 号

策划编辑	申永刚
责任编辑	陈　洁
封面设计	马筱琨
版式设计	锋尚设计
责任校对	邓雪梅
责任印制	李晓霖

出　　版	中国科学技术出版社
发　　行	中国科学技术出版社有限公司发行部
地　　址	北京市海淀区中关村南大街 16 号
邮　　编	100081
发行电话	010-62173865
传　　真	010-62173081
网　　址	http://www.cspbooks.com.cn

开　　本	880mm × 1230mm　1/32
字　　数	160 千字
印　　张	7.75
版　　次	2021 年 5 月第 1 版
印　　次	2021 年 7 月第 2 次印刷
印　　刷	北京盛通印刷股份有限公司
书　　号	ISBN 978-7-5046-9019-7/F・924
定　　价	59.00 元

前言
Preface

　　随着移动互联网的高速发展，短视频行业也发展迅猛，短视频凭借着"短、平、快"的内容传播优势，成为广大国人信息关注、分享和传播的阵地，也迅速获得了包括各大内容平台、用户以及资本等多方的支持与青睐。发展至今，短视频越来越成为人们生活不可缺少的一部分，短视频行业也呈现井喷式发展。这一切都显示出短视频的蓬勃生命力。

　　短视频发展势头火热，很多短视频运营者想要跻身其中分得一杯羹，但也由于运营不善，极大地影响了短视频运营的效果，让很多短视频运营者陷入了深深的苦恼之中。不少初入短视频行业或者在短视频行业摸索了一段时间的运营者，在实践过程中，由于经验不足、缺乏创意、受众不精准等原因，很容易犯下一些影响运营效果的错误，也会让他们产生一系列疑问。

　　如何拍摄短视频才能最大限度地吸引用户注意呢？

　　短视频运营有哪些常见的误区呢？

　　一个短视频账号要如何定位才能更具有优势呢？

　　一个短视频发布后究竟如何运营才能收获更多流量呢？

如何制作出爆款短视频？

短视频如何运营才能快速地实现变现呢？

针对这些痛点，本书从短视频运营思维、运营定位、内容策划与制作、推广与引流、打造爆款短视频、营销和变现等多个维度给大家提供了一些落地的建议。基于此，本书在创作时遵循了以下三点原则，旨在让读者更直观地了解本书的价值。

1. 全面完整

本书分为6章，对短视频运营思维、运营定位、内容策划与制作、推广与引流、打造爆款短视频、营销与变现等问题均进行了详细的说明。即便是一位初入短视频行业的短视频运营者，也能通过本书掌握短视频运营的各项工作。

2. 贴近需求

本书在内容写作上将重点放在了实用性上，因此对于短视频运营者普遍关注的问题：比如，如何做短视频账号定位、如何设立短视频账号、如何做出色的内容策划、如何让短视频获得更多的曝光量、如何制作出爆款短视频、短视频发布完毕后要如何做营销和变现以获得实际效益等，都做了透彻的讲解。可以说，任何一个想要做好短视频运营的读者，都能从中获取到他们想要的内容。

3. 便于操作

对于短视频运营这类的工具书来说，重要的一点是要具有强实操性，因此本书舍弃了没有实际应用意义的内容，目的在于让读者拿到这本书就能够立即实践，从中有所收获。基于这个目的，笔者在写这本书时十分注重内容的实操性，力求让读者一看就懂、一学就会。为了让读者能够更轻松、直接地理解文中内容，我们在其中加入了很多的案例，并插入了大量的截图，来帮助读者更好地了解、学习。

希望读者在阅读本书之后能够获得实际性的指导，为短视频运营工作带来更多的思考和帮助。

目录
Contents

▶◁ 第1章
短视频运营思维 ·· **001**

▶ 第2章
短视频运营定位 ·· **045**

▶◁ 第**3**章
短视频内容策划与制作 ························· 092

第4章
短视频推广与引流 ································· **134**

第1章
短视频运营思维

伴随着互联网和新媒体的快速发展，"运营"的功能和作用越来越被放大。短视频的运营，其实也是新媒体运营概念里的一个分支。短视频运营以低成本、高速度、高互动性等特点迅速淘汰传统媒体，成为一个非常强劲的风口，成为许多个人、企业和品牌获得流量的重要途径。只要运营得当，任何人都可以变成短视频红人，任何产品和品牌都可以成为短视频爆款。

如何运营好短视频？首先，我们要具备一定的短视频运营思维。既要充分了解短视频运营的价值和本质，又要避开短视频运营的误区，同时还要掌握短视频策划与运营的八大思维、四大核心、五大要素。

第 1 节
短视频给予我们的历史机遇

2011年，快手上线制作GIF（图像互换格式）标志着中国短视频行业的兴起。2011年以后，伴随着移动互联网终端的普及和网络的提速以及流量资费的降低，更加贴合用户碎片化内容消费需求的短视频，凭借着"短、平、快"的内容传播优势，迅速获得了包括各大内容平台、用户以及资本等多方的支持与青睐。发展至今，短视频越来越成为人们生活不可缺少的一部分，短视频行业也呈现井喷式发展。这一切都显示出短视频的蓬勃生命力。

1. 短视频风口带来的机遇

从互联网时代到移动互联网时代，原有的生态都被打破了，主要表现为两点。

一是人们获取信息的方式发生了改变。以前人们常常通过贴吧、搜狐、微博等方式获取信息，多是以图文形式呈现。在移动互联网时代，人们常常通过抖音、快手、今日头条、微信等方式获得信息，这些方式多是以短视频形式呈现。

二是流量的价格不断攀升。以前用户上网的途径非常有限，比如用户只能通过浏览器、搜索引擎搜索关键词上网，浏览器和搜索引擎也成了当时的流量入口。但是在移动互联网时代，用户想要获得什么信息时，常常会直接打开相应的App（计算机应用程序），不再需要通过浏览器或者某一个特定入口。另外，电商、微商、内容营销等平台的流量体系已相对完善且获取流量的成本也比较高。例如在电商领域，淘宝占据份额最大，京东则凭借自己的物流优势占据一席之地，拼多多也凭着所有电商平台都无法企及的"互动性"杀出重围，再往下就很难再提及一个具体品牌了。

但是对于一般的商家和运营者来说，很难与成熟的具有竞争实力的流量体系相抗衡，甚至是分一杯羹。任何时代流量入口大的地方就意味着机会更多。在移动互联网时代，流量入口有两个，分别是硬件（智能手机）和软件（手机App）。

硬件方面具体表现在人们对于智能手机的依赖程度已经达到前所未有的程度。根据艾媒咨询（iiMedia Research）数据显示，2019年中国智能手机用户数量达到7.483亿人，2020年达到7.817亿人，2021年将突破8亿人，达到8.129亿人。

从中国人民日均使用智能手机的时间来看，自2011年以来，我国人民日均使用智能手机的时间呈现逐年增长的趋势。2018年中国人民日均使用智能手机时间突破100分钟，达到115分钟；

2019年中国人民日均使用智能手机的时间为134分钟，智能手机的普及和应用为短视频的快速发展奠定了一个坚实的物质基础。

软件方面表现在人们的碎片化时间被各大手机App占据。根据中国电信和智研咨询整理的数据来看，2019年12月，15～19岁手机网民群体人均手机App数量最多，达84个；其次为20～29岁手机网民群体，人均手机App数量为65个；60岁及以上手机网民群体人均手机App数量为37个。与2018年12月相比，10岁及以上各年龄段手机网民人均手机App数量均有所增加。如图1-1所示。

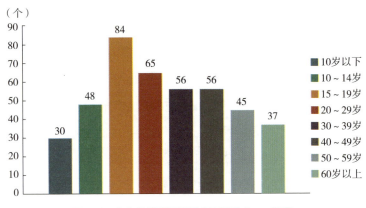

图 1-1　各年龄段手机网民人均手机 App 数量

2019年12月，手机网民经常使用的各类App中，即时通信类App的使用时间最长，占比为14.8%；网络视频（不含短视频）、短视频、网络音频、网络音乐和网络文学类应用的使用时长占比分列第二位至第六位，依次为13.9%、11.0%、9.0%、8.9%和7.2%。如图1-2所示。

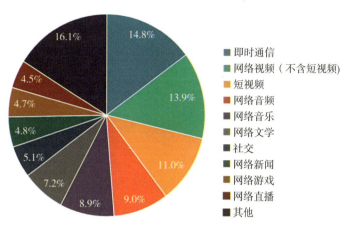

图1-2 各类应用使用时长占比

人们习惯在手机App上处理各种问题、寻找情感慰藉、发现有趣的应用，这些因素也加速了短视频的发展。相比较于传统的图文社交模式，短视频承载的信息量更大，丰富的内容形式更容易被用户接受，它具有任何媒介都不可比拟的吸引力，里面可以包含图片、文字、声音。短视频可以全方位地展示产品场景，使产品更生动形象，体验感也更强，满足了人们的情绪和情感需求，让人心生美好期待和向往，这些优势使短视频一跃成为社交用户的"新宠"。短视频App也成为承载视频社交方式的重要媒介之一，具体的App分类及代表如表1-1所示。

表1-1　App分类及代表

分类	App代表
内容类	抖音　快手　微视　好看视频　火山　全民小视频　秒拍
工具型	小影　乐秀　逗拍　快剪辑
社区型	美拍　多闪
垂直型	梨视频　美柚

根据国家广播电视总局发布的《中国视听新媒体发展报告（2020）》显示，截至2020年3月，网络视频（含短视频）用户规模达8.5亿，较2018年年底增长1.26亿，占网民整体的94.1%。2019年，持证及备案机构网络视听收入1738.18亿元，同比增长111.31%。对此，国家广播电视总局广播影视发展研究中心主任祝燕南表示："网络视听行业已进入新的发展阶段，技术加速迭代，业态不断创新，格局正在重塑，呈现出健康蓬勃的发展态势。"

这一切使得短视频已经成为新的风口，带来了很多新的机遇。对普通短视频运营者来说，用户可以随时拍随时发布，分享至短视频平台，被众多的短视频用户看到，也能成功吸粉，获得众多用户和粉丝的互动和关注，最终通过各种途径实现流量变现。对商家和品牌方来说，可通过短视频运营和营销达到品牌曝光、产品推广和销售的目的。目前，短视频平台已成为成本较低、流量较高的最佳渠道。

5G时代的到来，也深刻改变着人与物、物与物之间的联系，各个领域都将发生翻天覆地的变化，也为短视频带来了改变和机遇。5G时代的到来让短视频有了更多的玩法，让人们对短视频的需求也变得更为强烈。

2. 短视频行业的生长周期

根据观研天下发布的《2019年中国短视频行业分析报告——市场深度调研与发展趋势研究》显示，2011年快手上线制作GIF标志着中国短视频行业的兴起；随后短视频行业历经2012—2015年的成长期、2016—2017年的爆发期，从2018年开始逐渐步入了发展成熟期，到2019年，短视频行业已经步入了成熟发展的后半程。如图1-3所示。

图1-3　短视频行业的生长周期

（1）导入期（兴起期）：2011年

2011年，快手上线制作GIF标志着中国短视频行业的兴起；GIF快手从用于制作分享GIF图片的纯工具类应用转型为短视频社区，出现在人们的视线之中，带来了一些新奇的体验，逐渐被人们接受。但此时并没有形成市场规模，短视频发展还处在萌芽时期。

（2）成长期：2012—2015年

从平台角度说，2012年，新浪微博手机端的上线吸引了千万量级的用户，短视频的时代正式开启。各大短视频App相继上线，爱奇艺推出视频剪辑和美化App啪啪奇，美图于2014年5月推出美拍，同年由腾讯微视、美拍以及秒拍发起的"全民社会摇""冰桶挑战"等短视频活动引起了相当大的关注和参与热潮。在这期间，短视频迅速发展，产品规模进一步完善，市场规模不断扩大。

从用户及流量趋势的角度来看，2014年，我国手机网络视频用户为3.13亿，手机网络视频用户占网络视频用户比例升至72.2%；2015年各项数据迅速提升，我国手机视频用户达4.05亿，手机网民渗透率达65.4%，手机网络视频用户占网络视频用户比例达80.4%。

（3）爆发期：2016—2017年

2016年，以抖音、快手为代表的短视频应用获得资本的青睐，各大互联网巨头围绕短视频领域展开争夺。随着papi酱（原名姜逸磊）等短视频的爆红，抖音、梨视频等多个平台上线，短视频App呈现爆发式增长，短视频行业也进入高速发展时期。

2017年，阿里巴巴文娱集团旗下土豆网全面转型为短视频平台，投入20亿元打造"大鱼"计划。同年7月，腾讯复活微视，微视成为短视频创作及分享平台。百度上线短视频聚合平台——好看视频。至此，短视频行业正式迎来爆发元年，越来越多的用户、内容创作者及平台媒体纷纷挤入短视频行业。

总的说来，2016—2017年是我国短视频行业App上线数量井喷期，老牌产品势头不减，新产品频出，两年上线的短视频App数量总计高达235款。在众多的短视频App中，又以抖音和快手为首，形成"南抖音北快手"的局面。娱乐类型产品居多，多元化与垂直化也逐渐成为趋势。

（4）发展成熟期：2018—2019年

2019年2月，中国互联网络信息中心（CNNIC）在北京发布第43次《中国互联网络发展状况统计报告》。报告显示，截至2018年12月，我国网民规模达8.29亿，全年新增网民5653万，互联网普及率为59.6%，较2017年年底提升3.8个百分点。

2019年6月，有"互联网女皇"之称的玛丽·米克尔（Mary Meeker）发布了2019年的互联网趋势报告。报告指出，在移动互联网行业整体增速放缓的大背景下，短视频行业异军突起，成为"行业黑洞"抢夺用户时间，从2017年4月到2019年4月，中国短视频App日均使用时长从不到1亿小时，增长到了6亿小时，其中抖音、快手、好看视频，占据短视频前三，引领用户数量和时长增长。

经历了近10年的发展，短视频行业也不断走向成熟期的后半程，短视频朝着内容精细化、竞争趋于稳定、商业变现模式逐步成熟、社交功能不断强化的方向快速发展。尤其是随着5G时代的到来，短视频领域将催生更多的玩法。

2020年，我国短视频行业已经迈入发展成熟期，行业监管制度日益完善，商业变现模式走向成熟，市场格局渐趋稳定。

3. 短视频发展趋势

当前主流短视频的内容仍集中在泛娱乐领域，但是随着短视频行业的不断成熟，以及用户的消费习惯发生转变和升级，未来短视频发展趋势将朝着垂直细分化和本地化方向转变。

（1）垂直细分化

短视频垂直细分化表现在短视频运营者会专注于某一个领

域，甚至是专注该领域的一个细分领域，精耕细作，持续创作。例如，短视频运营者在众多领域中选择入驻电影解说领域，并一直专攻电影解说的内容，这一行为就做到了垂直。如果运营者在电影解说领域只解说悬疑恐怖片，那么这一行为就是在垂直的基础上做出了进一步的细分。垂直细分化不仅更容易形成自己的特色，还能增强用户的黏性。

相对来说，资本和短视频平台更愿意扶持认真做内容、专注精深的创作人，这也促使更多垂直领域的内容创作者更愿意创作高质量的短视频内容。同时，用户在养成短视频的消费习惯后，在消费升级的背景下，最终消费习性会逐渐趋于理性，越是垂直细分的短视频越能够让他们产生消费信赖感。所以，垂直细分化将成为未来短视频发展的趋势之一。

短视频运营者要想抓住垂直细分化的趋势，就要立足于某一个领域持续创作优质的短视频内容，而不是所有领域都想涉猎。运营者深度、持续地挖掘某个垂直的细分领域，不仅能够满足用户的细分需求，还能因为独特性和小众性更易获得成功。

（2）本地化

短视频本地化是指本地用户、商家会在短视频平台上分享本地的衣食住行、吃喝玩乐和风土人情等，能够让更多的短视频用户看到本地的生活工作场景。例如，本地人将自己的日常生活分享至短视频平台，可以让更多的用户看到，让他们感受到本地的生活是什么样的；本地商家也可以上传自己的店铺、菜系、制作过程等，一方面能够解决用户对菜品的信任问题，另一方面还能不断地辐射到更大的消费群，给周边的用户一个下决心消费的理由。

短视频平台也很注重本地化的发展。从2017年开始，抖音就开始深耕本地化营销，上线本地频道，点开抖音可以看到景点、美食、文化等分组。另外，抖音短视频还可以发位置、带商圈等，这都在为本地化带来市场。

2018年，重庆李子坝成了"网红"。最初，有网友将李子坝轻轨穿楼的视频发布到了网络上，在短视频平台的"无心"助推之下，"李子坝轻轨穿楼"一夜之间就火了。原来轻轨还能在天上走，而且竟然从一栋居民楼当中穿过。

很多人因为这一段视频，纷纷前往重庆一探究竟，吸引了无数游客前来重庆李子坝打卡。随着游客们纷至沓来，更多的短视频开始出现，引发了全面的二次传播，并由此吸引了更多的人。

李子坝的走红是短视频本地化一个很好的例子。用户可以将本地的日常生活、特色等分享到短视频平台，让更多的用户了解到某地某景，吸引用户去本地消费。

对于个人运营者来说，要想抓住本地化短视频发展趋势，就要善于挖掘、发现本地的衣食住行、文化、风俗等特色，吸引更多的用户关注。对于商家运营者来说，短视频本地化趋势是引爆本地流量、打造商家私域流量的好机会。商家可以借助短视频展示本店的一些特色、手艺、产品、环境以吸引更多的客户到店消费。

未来，垂直细分化、本地化发展趋势将会让短视频发挥出更大的潜力。依托更多垂直、细分、本地化的优质短视频的火爆，短视频平台不断拓展上下游业务，打通线上线下消费，在内容生产、内容分发和内容变现等环节均注入更多的生命力和创新力。

▶ 第 2 节
从用户需求看短视频运营的本质

短视频运营是指通过合理的短视频内容制作、发布及传播，通过策划优质的短视频内容向用户精准地传达产品、活动等有价值的信息，扩大宣传范围，促进营销，从而实现短视频传播和用户增长和转化、品牌曝光、产品推广和销售的目的。

2019年，美汁源推出"更大果粒"的升级产品，为了让目标受众认识这一"大"的新特性，品牌从"生活无大事，不要想太多"的主题切入，联合其全新代言人王大陆拍摄了爱情、工作和朋友三支广告短片，对新品进行宣传。

此外，美汁源在抖音上发起"大大舞多欢喜"挑战赛，邀请明星代言人示范魔性舞蹈，舞蹈动作会激发"大大舞"等凸显产品特性的关键词，同时联动健身、运动、舞蹈领域的三个KOL（关键意见领袖）拍摄舞蹈视频进行渗透，一时激发大批用户创作热情并进行扩散传播。

此次主题活动让每个年轻人都可以成为品牌代言人，调动了用户参与积极性，并将"更大果粒"的产品特性印在消费者脑海中，从而引起转化。

不只是美汁源，麦当劳、星巴克的星享卡推广、古驰（GUCCI）的"线上"接力、欧莱雅的化妆滤镜等国际一线品牌也纷纷通过短视频运营推广品牌，以此带动产品销量，并取得了很好的效果。

短视频运营成功的背后是对用户需求的把握。为什么通过短视频运营能够引爆品牌的影响力，让用户不自觉地沉浸其中，并做出互动和购买行为呢？其根源就在于短视频运营的本质抓住了用户的三大需求，即精神需求、实用需求、物质需求。如图1-4所示。

图1-4 用户三大心理需求

1. 精神需求

　　每个人都有精神需求，有缓解疲劳、获得快乐、满足情感体验等需要。尤其在充满压力的工作和生活中，人们会向外界寻求解压方式，而短视频正好能够满足人们的这一需求。许多用户都将短视频当作休闲娱乐、打发时间的工具，用观看短视频的方式消磨碎片化时间。

　　据抖音发布的《2019抖音数据报告》显示，截至2020年1月5日，抖音日活跃用户数已经突破4亿。抖音凭借着搞笑有趣的短视频内容、全屏沉浸式的观看体验，让无数用户被它深深吸引，看完一个短视频后会迫不及待地想要观看下一个短视频。为什么用户如此着迷呢？正是因为有趣、有料。好玩的短视频能够

在十几秒的时间内，快速占领用户的心智，抢占用户的碎片化时间，让用户沉浸其中。用户从一个个短视频中获得了快乐猎奇体验，缓解疲劳，也能从中达到精神共鸣，进而获得一种内心的满足。

抖音的成功，在于看到了人们内心巨大的精神需求，从满足人们的情感诉求出发，创作出源源不断的有趣、猎奇的短视频。时间短、种类多，能满足各类用户的情感诉求和社交诉求。

同样，对于短视频运营者来说，要想在短视频领域获得更好的发展，就必须抓住用户想要消遣、打发休闲时间的精神需求。

2. 实用需求

虽然目前短视频平台以娱乐、猎奇放松为主，但是其他内容创作也有着很广阔的空间，很多用户希望通过观看视频来获得"新知"和"资讯"。据《2017年度短视频营销趋势白皮书》显示，在人们观看短视频的九大需求中，超过半数为获取知识的需求。知识类短视频凭借着实用性、高效性、趣味性受到了广大用户的青睐。可以看出，除了满足精神需求外，用户对短视频的实用需求也非常强烈。

实用需求包括解决问题、避免损失、学习知识和技能、获得有用资讯等。如果说满足用户的娱乐、猎奇需求还只是停留在心理层面的话，那么满足实用需求已经上升到了行为层面。短视频的信息承载量更大，可以传达更加丰富的内容，用户可以直观、直接地从短视频中学习知识和技能，能够在轻松、活泼的观看过程中"接受"与"学会"知识。

所以，短视频的内容需要给用户营造一种"获得感"，让用户能够从短视频中有所收获，包括获得有用的资讯、有价值的知识、有用的技巧、科学真知、人生哲理、观点评论等，让用户从中学习到一些有用的信息和技能。

例如，不少短视频账号以科学严谨的"商品测评"取胜，帮助大家普及选购商品时需要注意的事项，让很多用户都觉得靠谱实用，也赢得了千万以上的粉丝。此外，用户在短视频平台上学习书法、制作PPT（幻灯片）、学习厨艺、获取与自己专业领域相关的资讯等，因此有的短视频运营者也会通过PPT卖课的方式实现变现，或者通过教授书法植入碑帖、字帖、毛笔等产品，达到销售变现的目的。

如果短视频运营者能为用户提供解决某一问题的方法和技巧，满足用户解决问题的需求，并能帮助用户更好地完成任务，就能获得用户的拥护和追随。

3. 物质需求

短视频除了能够满足用户的精神需求和实用需求外，还能满

足用户的物质需求。物质需求表现为一种以注重商品的实际使用价值为主要特征的心理。具有这种心理需求的用户，在购买商品时比较注重商品的实际效用和质量，讲求经济实惠、经久耐用、使用方便等，希望能得到优惠、物超所值。

根据相关数据显示，短视频平台上销售火爆的商品价格区间大多在10～50元，66%的商品单价都低于100元。不少用户在观看短视频时，常常被那些物美价廉、经济实惠、购买能够得到优惠或物超所值的产品吸引。即便当下自己并不需要该产品，也会产生冲动购买行为。

因此，很多短视频运营者会在视频封面或者标题上标注"平价好物""买到就是赚到""均价不到50元""学生党必入""10元杯子，平价又好看"等字样，其背后抓住的正是用户的物质需求。也有一些短视频运营者在短视频中强调购买产品能够获得的优惠、活动期的价格等，其实也是在迎合用户的物质需求。

总之，如果用户偏向于精神需求，短视频运营者就要尽量选择做一些较为轻松、有趣、搞笑的内容；如果用户偏向于实用需求，短视频就要多制作一些干货内容；如果用户偏向于物质需求，那么短视频运营者就要多展示一些有优惠折扣的信息。

只有切中用户的需求，从用户需求角度发力，才能在用户身上产生作用，进而实现短视频运营的目的。

▶ 第 3 节
短视频运营的六大误区

很多短视频运营者看到了短视频的发展势头和价值，于是他们纷纷试水短视频，但是当他们进入短视频运营的赛道后，有的人通过短视频运营赚得盆满钵满，而有的人因为不懂运营导致颗粒无收，陷入了只付出却得不到收获的怪圈。

> ▶
>
> 短视频没有推荐和播放量，用户不互动；
> 即便追了热点仍然没有播放量；
> 连续运营了几个月，粉丝依旧寥寥无几；
> 没有用户主动询问产品信息，也没有带动产品销量；
> ……

其实，短视频运营之所以走入以上的怪圈，关键在于他们在运营短视频时进入了误区，导致走了不少弯路。

1. 短视频运营目的不明确，视频主题和内容混乱

不少短视频运营者做短视频运营的目的不明确，所以制作出来的短视频的主题和内容很混乱。正是因为短视频的主题和内容很混乱，所以很难产生优质的内容，自然无法吸引用户的目光，更谈不上短视频运营了。

因此，短视频运营者要想做好短视频运营，首先就要明确自己做短视频运营的目的是什么。一般来说，短视频运营者做短视频运营的目的有提升短视频内容IP（知识产权）本身的知名度、推广品牌、直接变现、引流获客等。

受不同运营目的主导，短视频的主题和内容也是不一样的。例如，如果运营者的目的是提升短视频内容知识产权本身的知名度，那么短视频的主题就是围绕提升短视频内容知识产权本身的知名度展开，而不是在短视频中注入推广品牌的主题内容。

2. 误将品牌和产品植入内容认为是短视频运营

短视频运营具体分为两种类型，一种是将短视频内容作为一个独立的产品来对待，此时短视频内容团队会围绕短视频内容产品展开相关的内容和活动；另一种则是与品牌合作的短视频的运营，这主要表现为短视频运营者生产出内容后，还要将品牌方的产品和品牌加入其中。当然，这里的品牌方也可以是运营者自己，即运营者可以在短视频中展现自己的品牌和产品，获得更多的曝光量。

但是，不少短视频运营者将品牌和产品植入内容或者将产品放入到短视频中，甚至认为录一段口播就是内容运营。其实内容运营绝不是简单地广告植入，而是要策划与品牌相关的优质、高度传播性的内容，将产品和品牌包装成内容，向用户传递有价值的信息，从而实现运营的目的。例如，某品牌感冒药将"温暖"精神融入品牌文化中，再将品牌精神变成一个个温暖人心的短视频，很好地在内容里注入了产品和品牌的内核，让广大用户深刻地感受到该品牌的温暖，正面地传递了品牌的形象。

3. "两不"行为：不养号、不互动

不少短视频运营者常有这样的疑惑：为什么我发布的短视频没有推荐呢？其实有很大一部分原因是账号没有很好地养号。为什么新账号要养号呢？因为养号会增加短视频账号权重，账号的权重越高，推荐量才会越高。简单的养号方法是每天观看其他创作者的优秀的短视频作品，并进行评论、点赞、关注，或每天观看直播的时间不少于15分钟等。等7天左右，如果发布的第一个作品，在1小时之内视频播放量达到200次，就证明账号已经养好了。

除了不养号外，有的短视频运营者也不互动。他们常常将内容发布当作运营，发布完成即运营完成，不积极地与用户互动。其实评论区的活跃程度也是系统评判短视频质量好坏的标准之一。不少用户在观看短视频时会重点关注评论区，如果评论区有触发他们发表言论的点，就会进一步提升互动率，这一行为也能增加短视频的活跃度。例如，一个讲"25岁女生是脱单重要还是脱贫重要"主题的短视频发布后，获得了众多用户的共鸣，纷纷在评论区留言，如果运营者能够在评论区点赞或回复相关评论，不仅能够塑造亲切的形象，还能引发更多的互动和讨论。

所以，短视频运营者也要注重与用户互动，不要忽视用户，要多回复用户和粉丝的评论。

4. 盲目追求热点

在短视频时代，流量意味着热点、关注度和变现的可能，热点也是快速且高效的上热门的方法。这也导致不少的短视频运营者常常为了流量而盲目追求热点，看到一个热点话题就想蹭。虽然蹭热点能够带来更多的热度，但是如果热点与短视频账号定位没有关联，硬蹭热点不仅会影响账号的权重，还不利于短视频被精准推荐，甚至会引起粉丝的抗拒。此外，还有不少短视频运营者喜欢发布一些包含低俗段子、敏感内容等短视频吸引流量，而这一行为只会降低账号在用户心中的好感度。

其实，所有的创意都是要围绕短视运营的内容去开发、设计的，如果短视频运营者为了流量而急功近利地选择一些低俗的方式去获得流量和关注度，盲目追求热点，无疑是饮鸩止渴，难以获得长久的发展。

因此，短视频运营者要想追求热点，获得流量，就要关注该热点是否与自己的账号相关联。例如，短视频运营者是做美妆领域的，当"大学素颜是件很奇怪的事情吗"热门话题出现时，运营者要快速制作与热门话题相关的短视频内容并及时发布，不仅能够呼应热点，还能顺势而为，获得较高的点击量、播放量和点赞量。但"大学生网课"这样的话题对于美妆领域的短视频运营者来说，关联度就较弱了。

此外，短视频运营者还要关注热点是否正面，是否可追。如果热点既与自己的账号相关，又正面，那么运营者就要及时利用热点，毕竟热点是具有时效性的。

5. 产品卖点太多，信息量太大

不少商家和品牌常通过短视频运营实现品牌推广并带动产品销量，但是此时商家和品牌很容易陷入一个运营误区，就是给短视频中的产品加入大量的卖点，期望提高产品的价值和对用户的吸引力，其实这一想法并不正确。因为大部分的用户在观看短视

频时，脑海中并不会做出缜密的思考，卖点太多的产品反而让用户感觉迷茫，难以留下深刻的印象。

所以，在做短视频运营时，产品卖点要单一，突出其中1～2个卖点即可。例如，运营者想要在短视频中推荐一款护肤品，卖点是深度补水、淡化色斑即可，然后用短视频重点展示出这两个卖点，并将这两个卖点发挥到极致，这才能真正地吸引用户的目光。

6. 不做数据分析

不少短视频运营者将全部精力放在短视频内容制作上，却不做数据分析。其实，数据分析对短视频有着重要的指导意义。数据分析是对已经发布的短视频的各项数据，包括完播率、点赞率、评论率、转发率等进行分析。

例如，一条短视频播放量是5000次，点赞数是2173个，评论数是498条。我们在进行数据分析的时候，首先要关注点赞数和评论数，如果这两项数据很高则说明这条短视频激发了用户的参与和互动，质量也比较高。但是为什么播放量却不佳呢？运营者就要针对播放量再做进一步的分析，一般是将自己的短视频与同类的播放量非常高的热门短视频做对比，分析自己的短视频与同类短视频的差别，是短视频展现形式不同？还是配音台词有问题？背景音乐不合适？通过对比分析找到播放数据不佳的深层次原因，以便在下一次创作短视频的时候吸取经验。

除了要了解以上的数据外，运营者还可以借助平台公布的数据了解该平台的用户特点，包括性别、年龄、职业、消费偏好等，帮助自己制作出更易被用户喜爱的内容。

要想做好短视频运营并非一件易事。任何短视频运营都不是一蹴而就的，需要运营者规避以上短视频运营的六大误区，在运营领域多多学习，绝对不能抱着急功近利的心态，而要潜心做好短视频运营的每一个环节。

▶ 第4节
短视频运营的七大思维

短视频策划与运营的工作主要包括四个方面：内容策划、用户运营、渠道推广及数据分析。

内容策划就是规划短视频内容，准备选题及拍摄制作等相关工作，这一点也是短视频运营人员的工作重心所在。尤其在泛娱

乐化的短视频时代，短视频运营者要想策划出优质的去同质化的内容，需要花费更多的时间和精力。

用户运营是运营工作的重点，运营者不仅要了解用户画像和用户喜好，生产用户喜欢观看的短视频内容，也要做好互动管理，实现长期的营销转化。

渠道推广是指运营者要有多平台运营的思维，不要只选择某一家短视频平台，可以对多平台进行发力，包括抖音、快手、今日头条、哔哩哔哩、微博等。

数据分析是指短视频运营者要实行数据化运营，要多分析短视频的完播率、播放量、评论和收藏量等，并从这些数据中反思短视频的内容制作是否受用户的欢迎。

要想做好短视频策划与运营并不是一件易事，除了要掌握短视频策划与运营工作的四个方面外，短视频运营者还要具备运营的七大思维，才能创作出用户喜闻乐见、传播度高的内容，也能为后期运营打下坚实的基础。

1. 流量思维

流量思维是指短视频运营的各个环节中都要以"流量多少为主要"去考虑问题。流量这个词语是随着互联网的出现而流行的，以前的传统叫法是"客流"，但它们的本质是一样的。在互联网领域，流量就是一个个平台或者App的浏览量，可以按照日和年度计算。一般情况下，流量越高，网站的访问量越大，网站的价值就最高。再具体到短视频领域，流量在哪里，用户就在哪里。

短视频策划与运营的流量思维具体表现在运营者无论在策划环节还是运营环节，都要从大众用户对事物感兴趣的点去思考，了解现在的用户都喜欢看什么、关注什么、讨论什么。

根据抖音发布的《2019抖音数据报告》显示，用户喜欢观看幽默搞笑类、高颜值类、温暖治愈类、情感共鸣类、炫酷技术类等短视频内容，这类的短视频内容往往有着巨大的流量。

因此，以流量思维为主导的短视频运营者在策划和运营时，应该多策划一些娱乐、搞笑、触动用户心声的短视频内容，这类内容只要能够点燃用户的情感，就能获得广泛的传播，获得更多的流量。

2. 创新思维

创新思维是指以新颖独创的方法解决问题的思维过程，通过这种思维能突破常规思维的界限，以超常规甚至反常规的方法、视角去思考问题，提出与众不同的解决方案，从而产生新颖的、独到的、有社会意义的思维成果。在本书中，创新思维表现为短视频运营者在策划与运营时，不要一成不变，没有新意，而是要多角度开发，发现独到的点。

一个好的短视频作品，不仅要给用户带来丰富的视听体验，还要让用户感受到其中的独特价值，而这取决于短视频内容的创

意性。具体来说，短视频策划的创新思维表现为多挖掘一些别人没有关注到的点，多思考这一主题是否有更新颖的表达方式。

例如，很多人都有过与自己的妈妈在语言上斗智斗勇的时刻，有的短视频账号关注到了这个每个人都有但又习以为常的点，于是策划了一期短视频，其主题是"我们的妈妈在语言上有着过人的天赋，随便几句话就能把我说哭"，并在短视频中汇集了各种被妈妈怼哭的语录。类似这样的短视频，既能凸显新意，又挖掘出了不一样的价值点，很容易在用户中传播开来。

3. 杠杆思维

杠杆思维指的是以一个核心杠杆点，去撬动更多事情和成果发生的一种做事思维。短视频运营中的杠杆思维则是通过关键细节的优化，让运营的项目起到立竿见影的效果。

运营是内容传播的杠杆，根据热点事件和行业热门话题进行话题设置是最常见的运营杠杆手段，也就是"追热点"。"追热点"有三个不同的层次。

第一层是瞬时热点，即追一些瞬间爆发事件。比如，微博热搜、朋友圈刷屏、某些热点资讯等，这需要运营者立刻根据自己的短视频账号定位和产品特点做出快速反应。例如，微博热搜出现一个"生活中温暖的小事"，运营者可根据热点内容做出符合热点主题的短视频。

　　第二层是阶段性社会热点，时间相对长久，也比较好预测。 比如，某个可预见的政治时事热点、某些重要的节日等，需要运营预判选题，组织深度的内容产出。例如，面对即将到来的情人节，短视频运营者的账号定位是好物推荐，此时就可以做一期"如何挑选到好用的礼物送你的男朋友/女朋友"，既能赢得用户的欢迎，又能成功带货。

　　第三层是趋势热点。 比如，短视频行业用户、渠道，以及用户对某种内容的需求在未来较长的时间内将不断上升，这时就不是简单的选题概念，而是需要将运营思路反馈给内容部门，开发新的内容产品，抓住行业风口。

4. 算法思维

　　算法对于任何平台来说，都是一套必不可少的评判机制，这套机制对平台的所有用户都有效，无论是内容生产者（制作短视频的人），还是内容消费者（观看短视频的人），很多时候用户（或者是创作者）既是生产者也是消费者。

　　每个平台都有自己独特的算法。例如，抖音平台是去中心化算法，让每个短视频都有平等展示的机会，每个产品都有机会爆红，而不只是围着名人或名气打转，去中心化让源源不断的内容满足了千人千面的惊喜。快手同样也是去中心化的，将头部内容流量限制在30%左右，70%流量分配给中长尾内容，目的是想要强化创作者

导向和社区属性。所以用户既能刷到热门短视频，也能刷到质量一般、点赞量很少的短视频，这是平台给了普通创作者一些机会。

算法对于平台最大的用处是管理自己平台上的用户数据，并且根据用户的一系列反馈行为来改进平台功能，提高用户体验从而使平台吸引并留住更多用户，最终使平台形成一个可循环的良性生态。同时，它会根据用户的行为来分析用户的兴趣，然后给用户打上一个标签，再将同类标签的内容生产者的内容推荐给用户。可以说，推荐算法既能为内容生产者匹配到精准的用户，又能为内容消费者匹配到感兴趣的内容。

所以，短视频运营者也要有算法思维，在任何平台运营的第一件事情就是先了解平台的算法。

5. 重度垂直思维

在本章的第一节，我们了解到垂直细分化是未来短视频的发展趋势之一。所以，对于短视频运营来说，拥有重度垂直思维非常重要。

垂直是指你的内容和你选择的领域是一致的，并且一个账号一直输出的应该是同一类内容。例如，你的短视频账号入驻的是美妆领域，那么短视频策划与运营也要围绕美妆领域展开，可以是教授化妆技巧、口红试色、粉底持妆测评等。相反，如果入驻的是美妆领域，但是发布的短视频内容包括舞蹈、搞笑、综艺等，这个账号就没有做到垂直。不仅影响账号在用户心中的认知程度，还会影响用户的黏性。

具体来说，拥有重度垂直思维的短视频运营者在策划与运营时要做到两点。

一是发布的短视频都要与所入驻的领域紧密相关，所有的内容策划都要围绕入驻领域展开，而不是任何领域都涉猎。

二是力争将垂直领域的内容做深做透，争取在"一平方米"的范围内挖掘"一万米"的深度。此外，还要保持持续更新，每周都能策划出一个优质的短视频作品。

6. 粉丝池思维

粉丝是认可你的产品、品牌价值，对你的品牌非常感兴趣的人。"粉丝池"也就是粉丝聚集地，短视频运营者要有粉丝池思维。如果用一个形象的比喻来说，就是在自家鱼塘捕鱼与在湖泊里捞鱼，谁的转化率更高呢？对比来看，自家鱼塘的转化率更高。

要想建立自己的粉丝池，短视频运营者就要做好用户运营。用户运营可以简单理解为和用户产生深度交互，最终的目的就是提升用户活跃度、用户黏性，让用户可以长期持久地对内容产品产生关注和兴趣。

具体来说，运营者要多与用户沟通，了解用户对哪些内容的短视频有所期待，回答用户的留言问题，为用户提供更多一对一的、具有个性化的服务，让用户感受到自己在与一个真实的短视

频账号运营者对话。一旦用户对运营者建立信任，就会自动成为粉丝。

7. 利他思维

站在短视频运营者的角度考量，短视频运营的最终目的是个人利益，但是站在用户的角度看，只有当短视频运营者给用户提供有价值的内容，并持续为用户贡献优质的内容，才能被用户关注、认可、买单。

所以，短视频运营者在策划和运营时，一定要有利他思维。多去思考用户喜欢看什么样的短视频内容，愿意为什么样的短视频内容买单，为用户创造有价值的内容，先利他再利己，这样更容易达成目标。

具体来说，短视频运营者策划出来的短视频内容，既能让用户学到知识和技能，也能让用户获得上佳的视听体验，还能触动用户的情感，让用户产生共鸣，总之短视频内容一定要能够给用户带来什么，确保每一条短视频内容都能对用户有一定的作用。如果策划出来的短视频内容对用户没有任何价值可言，那么运营者就不要去制作这样的短视频。

对短视频运营者来说，在做短视频策划与运营时要关注以上七大思维，策划出更满足用户期待的短视频内容，并做好短视频运营，发挥出短视频运营的真正价值。

▶ 第5节
短视频运营的四大核心

上一节我们说到短视频运营的四个方面，其中讲到了用户运营。用户运营的核心目标主要包括拉新、留存、促活和转化，如图1-5所示。一切用户运营的手段、方法都围绕这四大核心目标展开。

用户规模是内容商业化的基础，拉新和留存是为了保持用户规模最大化，促活是为了提高用户活跃度，增强用户黏性和忠实度，而用户和创作者之间的信任关系又是促成最终转化的关键动力。

图 1-5 短视频运营的四大核心

1. 拉新

拉新即拉动新用户，扩大用户规模。拉新是用户运营的基础，也是运营工作永恒不变的话题。运营一个短视频账号，用户的价值相当于血液对人的价值，必须有源源不断的新的血液进来，才能产生源源不断的动力，形成良性的生态循环系统。

一般来说，短视频运营时常见的拉新方式有以下两种。

一是以老带新。常见的形式是通过短视频大V[①]或关键意见领袖的推荐，将用户引流至自己的账号；或者短视频运营者拥有多个账号，通过粉丝多的大号将粉丝引流至新的账号中。例如，在短视频大V的账号主页面上，会显现出其转发评论其他短视频创作者的信息，能有效地为被转发的短视频账号获得更多的曝光量，圈得更多的用户。

二是利用热点。利用热点不仅能节约运营成本，还能提高短视频成为爆款上热门的概率。很多短视频账号默默无名，但是某一期的短视频却能成功利用热点，打造成爆款，成功圈住很多粉丝。所以短视频运营者要抓住时机借助热点，尤其是平台官方推出的热点话题。如果内容出彩，就会很容易获得平台的大力扶持。

三是用DMP运营和挖掘用户。所谓DMP（Data Manag-

---

① 大V："V"是指贵宾账户（VIP），大V指的是在新浪、腾讯、网易等微博平台上获得个人认证，拥有众多粉丝的微博用户。

ement Platform）就是数据管理平台，它可以根据用户标签
实现精准推荐，既能满足千人千面的惊喜，也能挖掘到更多的
用户。例如，短视频账号定位在美妆领域，那么平台会将美
妆内容更多地推荐给关注美妆领域或者经常观看美妆内容的
用户。

2. 留存

留存即防止用户流失，提升留存率，它是拉新之后的工作重
点。如果通过各种方法成功地将新用户拉进来后，新用户没能在
其中找到自己感兴趣的内容，或者后期推出的短视频内容不符合
新用户的偏好，那么这部分新用户还是会离开的。

所以，新用户进来之后，就要想方法留住他们。一般情况
下，可以通过以下方法留住新用户。

一是了解新用户与内容的匹配度。当新用户进来后，并不是
所有的新用户都对运营者的短视频感兴趣，能留下的是与账号内
容匹配的新用户。如何匹配用户需求和内容呢？运营者就要研究
这批新用户的用户画像，包括他们的年龄、性别、职业、消费习
惯、偏好等，当用户画像结果和预期一致时，说明此时的内容与
用户的需求匹配度很高，内容就不用做出大的调整。相反，如果
用户画像与预想相差比较大，运营者就要思考自己接下来的内容
方向，创作受他们喜爱的短视频内容，或者进行新一轮拉新，再

测试结果。

二是转变思维，从顾客思维转变为用户思维。什么是顾客思维？简单地说，顾客思维就是做一次性生意，一次成交，失去便算了。什么是用户思维？是指以用户的需求为主，自建流量池，实现多次转变。对于短视频运营者来说，要能长久地将新用户留存下来才是运营的要义。要想留住新用户，短视频运营者就要多创造对他们来说有价值的信息，才能真正地留住新用户。

三是让存量带增量。流量池思维里最核心的一句话是"存量带增量，高频带高频"。如何让存量带增量？有一个很简单的方法，就是让用户分享。当然，用户分享的前提是他认可你的短视频内容或者产品。例如，你的短视频内容十分优质，生动有趣，观看后能让新用户有一种获得感，那么用户会愿意点赞、转发和互动，甚至是直接向自己身边的人推荐。或者你的产品物美价廉，能够满足用户的物质需求，那么他也会想要将这种优惠分享给自己的亲人、朋友、同事等。所以，运营者要多选用一些具有"低价高频"特点的产品，比如纸巾等，有效地增加用户留存和分享。

3. 促活

促活即促进用户活跃，提升用户活跃度。留存率稳定后，做好用户促活，提升用户黏性、互动度则是工作重点。活跃度高、黏性强的用户，更容易转化为最终的消费者。

具体方法主要有以下两种。

一是在内容中设置讨论话题。其实话题互动本身也构成了内容的一部分。在短视频内容中添加互动环节，既能加强内容与用户的交流感，又可以加深用户对内容的印象。例如，在短视频中加上一句："小伙伴们对这个问题是怎么看呢？欢迎在评论区下方留言。"既能展示出活跃度，又能拉近与用户之间的距离。

二是定期策划运营活动。节假日、周年纪念日都是重要的运营活动节点，短视频运营者可以通过活动提升用户活跃度，还能形成二次传播，完成新一轮的拉新目标。例如，在中秋节来临之际，短视频运营者策划一期与月饼有关的短视频，就能成功借着活动节点的东风，吸引一些新用户。

4. 转化

转化即把用户转化为最终的消费者。无论是广告变现、内容付费，还是通过电商营利，将流量转化为营收才是最终目的。但是，转化并不是一件容易的事情。尤其在没有取得用户信任的前提下，频繁的商业化行为，或无趣的硬广告会让用户产生很强的排斥心理，也会流失一部分粉丝，还会摧毁之前用户和内容之间

刚刚建立的信任感。

所以，转化也需要注重方法，这里给大家介绍一些常见的转化方法。

一是内容付费。即短视频运营者通过内容付费的方式实现转化。一般情况下，可实现内容付费的短视频内容要比较优质，有一定的粉丝量。

二是广告付费。即短视频运营者与广告商合作，在短视频中推荐广告商的产品和品牌。短视频运营者在接广告的时候，需要注意广告的种类。广告要低价高频、对用户有利、与短视频内容相关，这样才能降低用户对广告的抗拒。

三是电商付费。即短视频运营者将商家和品牌的推广软文拍摄成短视频，让用户了解这一产品的特性。例如，美妆领域的短视频运营者可以与美妆商家合作，在短视频中推荐商家的口红、粉底等，让用户可以直观地了解到产品的特性。

总之，在短视频运营中，用户是内容产品和运营中的重要因素之一，内容行业的本质就是要做好用户运营，做用户喜欢的优质内容。运营者要想做好用户运营，就要抓住短视频运营的四大核心，一切的运营手段都要围绕它们展开，有效借助运营思维才能在这场竞赛中走得更远更好。

▶ 第 6 节
短视频运营的五大要素

用户从刷到一个短视频开始到观看结束会接收到5个信息点，包括短视频定位、短视频内容、短视频标题、短视频配乐、短视频封面，这也是构成短视频运营的五大要素。

首先，用户的视线会被短视频封面吸引，继而会下意识地去看短视频的标题。如果标题吸引了用户的兴趣，他就会点开这个短视频。点开短视频后，用户会观看短视频内容，了解这个短视频在说什么。在这个过程中，用户也会听到短视频里面的配乐。等整个短视频观看完毕后，用户的脑海中可能还会得出一个信息——我刚看了一个美妆/美食/技能……的短视频。

对于短视频运营者来说，要想制作出能够抓住用户心理的短视频，吸引用户点开、观看和互动，就要抓住这五大要素。

1. 短视频定位

短视频定位是短视频运营过程中最重要的，也是最容易被忽

视的一个环节。短视频定位之所以重要，有两个方面的原因。

一是短视频平台更愿意扶持真正踏实做内容的创作者，尤其是持续在垂直领域不断输出有价值内容的短视频账号。明确的定位可以避免短视频运营者陷入盲目创作的误区，使其在定位的垂直领域持续创作优质的内容。

二是做好定位后，运营者若是能够发布与定位相一致的内容，就会在用户脑海中形成鲜明的印象，这也为你所输出的产品、品牌和价值观，还有最终的变现目的带来驱动力。因此，从用户的角度看，明确的短视频定位十分重要，它不仅可以让用户了解到你是生产什么内容的短视频账号，还给了用户一个持续关注你的理由。

一般来说，短视频运营者可以从自己的兴趣爱好、特长、拥有的资源等角度对自己运营的短视频账号进行定位。因为短视频定位十分重要，所以为了让大家有一个系统的了解，我们在第2章会做更深入的介绍。

2. 短视频内容

短视频内容是短视频运营的基础，也是非常重要的一部分。对于短视频运营来说，短视频内容不仅要有人来看，同时要有好东西看（优质内容），两者相辅相成，缺一不可。所以，要想让用户持续关注，就要不断输出优质的短视频内容。

一般来说，优质的短视频内容具有结合热点（但不盲目追求）、原创度高、独特性强、内容逻辑完整、内容新颖有角度等特点，能够让用户从短视频中获得有趣、有用、有爱、有品的价值体验。

可以说，越是优质的、独特的短视频内容越能够给用户传递有价值的信息，让用户自动转发、点赞、评论、收藏，进而达到实现短视频传播、用户增长和转化的目的。

3. 短视频标题

短视频标题是播放量之源。在短视频推荐算法机制中，用户每天会收到无数条短视频信息，要想让自己的短视频在信息洪流中脱颖而出，让用户产生点击的冲动，标题就显得尤为重要。同样一个短视频，不同的标题会给短视频带来迥然不同的播放量。如果标题不够吸引人，不能触动用户脑海中的联想能力，就会直接影响用户点开视频的概率。换句话说，如果标题不够吸引人，打开这个视频的人就很少，那也意味着这个视频没有浏览量，系统也会认为该视频不值得推荐，自然就不会给这个视频推荐量。所以短视频标题非常重要。

具体来说，好的短视频标题要符合以下几个条件。

一是标题与内容要保持一致，能够反映出短视频的主题，让用户从你的标题中知道短视频的大概内容。例如，知名的短视频

达人papi酱的某期短视频标题是"papi酱的周一放送——怀孕后的变化",用户从标题就能了解到这一期短视频的主题是讲怀孕后的变化,简洁明了。

二是标题可适度设置悬念,在标题中设置疑问句。用户看到标题后,自然想要在短视频中寻找答案。例如,"25岁的女生是脱单重要还是脱贫重要?"。

三是巧妙地使用数字和数据。通常情况下,带数字的标题逻辑更清晰,也能让用户轻松地从标题上理解内容要点。同时数字也更具体明确,更能抢夺用户的视线,更易激发用户点开观看视频的兴趣。例如,"116元30串烤肉生蚝,吃起来太过瘾了"。

此外,短视频运营者还需要避免以下三点。

一是标题字数不要太多。字数太多一方面影响视觉体验,另一方面也无法让用户快速获取重要信息,进而让用户无法耐心停留在该标题上。一般标题字数控制在10～20个字即可。

二是忌标题党。主要指两种类型:一种是标题和内容完全不符;另一种是断章取义,严重夸张。

三是为了噱头和流量而在标题中注入敏感、猎奇的信息。

4. 短视频配乐

一个好的配乐能够直接挑动用户的神经,某种程度上说,配乐起着画龙点睛的作用。有的短视频作品内容并不算上乘,但如果选对了配乐，同样也能让用户点赞、评论和转发。例如，在抖音短视频平台上，音乐是短视频作品重要的组成部分。在一个个热门音乐里，用户沉浸在短视频中，即便只有15秒左右的短视频，在配乐的配合下也有着极强的表现力，让用户沉浸其中。

所以，短视频运营者一定要重视配乐。具体来说，为短视频选配乐要注意以下几点。

一是要根据账号定位和视频内容的基调选择恰当的音乐。例如，抒情类的短视频不适宜用太搞笑的音乐，同样，搞笑类的短视频也不适宜用太抒情的音乐。值得一提的是，当短视频内容进入高潮或宏大主题时，可以配上激昂、抓住人心的音乐；内容平缓时，配乐也要舒缓，不要抢夺用户对内容的关注。

二是配乐节奏要顺应视频内容节奏，把握住短视频的节点。这一点不仅可以带动用户的情绪和共鸣点，引人入胜，还能给用户留下深刻的印象。

三是适度使用热门音乐。热门音乐一般传播快、用户接受度高，使用热门音乐既能让用户对你的短视频内容有更多的耐心，还能为短视频加分。例如，在抖音短视频平台有很多热门音乐，这些音乐都给观看短视频的用户留下了深刻的印象。

5. 短视频封面

短视频封面是用户第一眼就能看到的，优质的短视频封面

能够吸引用户点开视频。如果视频封面效果不佳，用户很可能就不会点击观看。所以，短视频运营者也要重点关注短视频封面。

具体来说，优质的短视频封面有以下几点要求。

一是封面与内容相统一，简洁明了，能够让人一眼就能看出视频的主题。比如，在封面直接突出主题，添加一个不同颜色、字体、字号的字幕等。

二是封面风格统一，字幕醒目略带悬疑以启发好奇心。

三是注意封面图片和文字设置，统一风格，打开主页以后要有整齐划一的感觉。例如，某短视频账号的每期短视频封面都会有颜色鲜艳的大字体，既醒目又能让用户在打开视频的页面时，体会到统一的感觉。

总之，短视频运营者要抓住以上五大要素，制作出更易打动用户内心，让用户喜欢的短视频作品，也为进一步运营变现奠定坚实的基础。

第2章
短视频运营定位

在短视频运营中，定位是最重要却又最容易被运营者忽视的一个环节。定位的重要性犹如万丈高楼的底座。如果底座不稳，就很难建立起万丈高楼。即便能建立，也不会长久。

定位时，短视频运营者就要兼顾短视频平台和用户特性，以及自己的优势和价值，并遵循定位的思考逻辑。

第 1 节
短视频平台的五大特征

随着移动互联网时代的到来，用户的阅读习惯和消费场景在不断地发生着变化，各大短视频平台应运而生。热门的短视频平台有抖音、快手、火山小视频、腾讯微视、好看视频等。用户在这些短视频平台上观看短视频或发布短视频。

任何一个短视频平台，都有不计其数的短视频，能够满足用户源源不断的观看乐趣。平台内的短视频更新速度快，诸多优质的、点赞量高的短视频被推荐给用户，让用户不断乐在其中。用户可以在短视频平台上关注自己喜欢的短视频创作者和内容，也可以发表自己的看法，既能满足自己的娱乐需求，也可以满足自己的学习需求以及社交需求。这些构成了短视频平台的五大特征：泛娱乐化、弱社交、短、平、快，如图2-1所示。

图2-1 短视频平台的五大特征

1. 泛娱乐化

泛娱乐化是指电视媒体制作、播出的格调不高的娱乐类、选秀类节目过多，以吸引受众眼球为目的，把历史、新闻、体育等进行娱乐性的修饰，重点突出其娱乐性，人为地降低文化产品的严肃性和真实性的行为，通过放松人们的精神，主要给人们带来视听享受。

短视频平台的泛娱乐化主要表现在两个方面。

一是泛娱乐化用户在短视频用户中占据较大比例。短视频的用户主体是以90后为代表的新一代消费者，这类群体的消费观念开放、消费能力较强，有着强烈的猎奇心理，倾向于追求新奇事物，因此对于娱乐消费有着极大的需求。很多用户都希望从刷短视频中暂时地释放工作和生活上的压力。

二是为了迎合泛娱乐化用户，泛娱乐化内容在短视频平台更易被推荐，也更易出爆款。简单地说，你点开任何一款短视频App，点赞量和评论量较高的短视频都具有一定的泛娱乐化的特征。

当然，泛娱乐化是一把双刃剑，它的负面影响也很明显。例如，泛娱乐化的内容一般会人为地制造笑料、噱头，恶搞、戏说泛滥，甚至会为了噱头博关注，格调不高，也难以传递出深刻的、具有价值性的内容。

所以，对于短视频运营者来说，在入驻短视频平台初期可以

借助一定的泛娱乐化内容获得流量，获得用户的点击和喜爱。但是如果长期输出这种泛娱乐化性质的内容，终究会被平台和用户所淘汰。因此，短视频运营者要想获得长久、稳定的发展，必须逐渐摒弃泛娱乐化的创作方式，注重对短视频内容的价值挖掘。

2. 弱社交

弱社交，与强社交相对。与微信、QQ等需要双方同意才能进行沟通的强社交相比，微博、快手、今日头条等平台就属于弱社交。短视频平台的弱社交性表现在即便用户与短视频的发布者并不相识，但是可以通过点赞、转发、评论等方式与创作者互动。如果创作者做出回复，双方可形成进一步的互动，如图2-2所示。

从某种程度上说，短视频平台本质上是人际关系构建与互动的新型社交关系平台。

一方面它打破了地域间的

图2-2　网友评论形成互动

限制，为各个地方的用户提供了相互感知的机会。例如，A地的用户可以看到B地的创作者分享自己的生活和所在地的衣食住行。在这个无限的空间里，没有身份、地位的限制，每个人都可以平等地表达自己的想法和生活，获得别人的点赞和互动。用户可以在观看过程中对自己感兴趣的短视频进行点赞、评论和转发。

另一方面用户既可以做一个观看者，也可以成为一个制作者和传播者，可以在短视频平台上传自己制作的短视频，分享自己的生活和想法，收获其他用户的点赞、评论和转发。

在短视频平台中，双方不需要互相关注或熟识就可以形成互动沟通，各取所需，满足彼此的社交需求。所以，弱社交性也是短视频平台的一大特征。

3. 短

短视频之所以称为"短视频"，有一个重要的特性就是"短"，具体表现为时长短、周期短和观看时间短。

首先，时长短是指短视频的时长一般较短，多在5分钟左右，甚至有的短视频时长只有十几秒、几十秒。例如，在抖音短视频平台上，很多短视频时长多在15~30秒。

其次，周期短表现为短视频创作者更新短视频的频率快，很多短视频创作者每日一更，甚至每日二更、三更。更新频率快一

方面能够增强用户黏性，让用户保持持续观看的行为；另一方面也能增强账号的活跃度，让平台更关注自己的账号，获得更多的推荐机会。

最后，观看时间短表现为随着短视频平台和创作者越来越多，短视频内容也多到让用户应接不暇，越来越多的优质的吸引眼球的短视频被制作出来，所以一个短视频若是在3～5秒的时间内没有抓住用户的眼球，很容易就会被用户划走，寻找下一个短视频。

4. 平

短视频平台的"平"表现为两点，**一是门槛低，二是"傻瓜式"创作。**

门槛低表现在短视频的制作门槛非常低，只要有一部手机或一台电脑就可以拍摄视频、剪辑视频，所以越来越多的个人和机构开始入驻短视频平台。几乎人人都可称为创作者，发布自己的短视频。

"傻瓜式"创作是指短视频创作方式越来越简单，即使不具备相关知识，也可以借助平台提供的一些工具进行短视频创作。

首先，短视频创作者可以按照既定的模式不断地输出同质的短视频内容。例如，某个美食领域账号的制作模式是先讲开场白，然后拍摄自己（或者和妻子）买菜或做家务的画面，接着开始以较大的篇幅拍摄自己制作食物的画面，等食物制作完毕后，会展现一家人其乐融融的吃饭场景。稍微观察，我们就会发现该账号的制作流程多是如此，如图2-3所示，但依旧吸引着大量的用户和粉丝观看。对于那位美食领域的创作者而言，他并不需要花费太多精力对自己每期的短视频进行精心策划，只需要按照固定的模式拍摄、剪辑即可。

图 2-3　内容同质的美食视频

其次，在剪辑的过程中，**创作者依旧可以遵循"傻瓜式"创作，使用同一款剪辑软件、采用字幕软件，按照既定的剪辑流程剪辑短视频。**

在某种程度上，短视频平台"平"的特征几乎给了所有用户创作的机会。因此，短视频作品的创作和剪辑质量也有待提高。在未来，如果短视频创作者继续秉持着"傻瓜式"创作，可能会被优质的内容创作者抛在背后。

5. 快

"快"也是短视频平台的主要特征之一，具体表现在以下四点。

一是作品迭代快。表现为短视频作品更新的速度能够达到用户需求。用户在刷短视频时，需求是强盛且不断变化的，他们希望能够刷到更有趣、更优质的短视频。为了满足用户的需求，短视频平台也要根据用户的反馈及时做出调整，推出更多优质的短视频。

二是市场反馈快。表现为创作者能够在1天之内，甚至几个小时之内就能知晓自己发布的短视频受欢迎程度如何。创作者可以根据短视频的曝光量、点击量、评论量、转发量、完播率等了解发布的短视频作品的受欢迎程度，市场反馈速度非常快。例如，创作者发布一个短视频后，在发布后的几分钟时间里，可能就会有用户点赞、评论和转发。

三是热点更新快。很多短视频平台都有热门搜索和热门话题榜，热榜每10分钟甚至每分钟更新一次。这些话题榜和热搜榜更新速度非常快，一方面显示用户活跃度高，另一方面也为创作者提供热点素材。例如，热榜出现"女人化妆不是为了取悦别人"的话题且热度不断上升，与热点内容相关的短视频账号可以针对热点创作短视频，通过借助热点的热度获得较高的展示量和播放量。

四是增长速度快。具体表现在短视频数量增长速度快、用户和创作者增长速度快、用户使用时间增长速度快。根据QuestMobile（北京贵士信息科技有限公司）发布的《中国移动互联网2019春季报告》显示，中国人均每天花费近6个小时玩手机，近四成时间在看短视频，并且花在短视频上的时间呈现上涨趋势。

当前，短视频平台呈现出以上五大特征，但是随着短视频行业不断发展成熟，未来短视频平台可能会出现新的特征变化。对于短视频运营者来说，最好的方式就是要根据短视频平台的变化做出调整，甚至要根据短视频平台的变化迹象提前做出调整，以便更加积极地适应平台的变化。

▶第 **2** 节
短视频用户解读与分析的七个方面

据QuestMobile报告，2019年短视频用户规模已经超8.2亿。无论短视频行业如何发展，其实归根结底还是要以用户为中心展开，毕竟用户才是短视频的最终接收者。不少短视频运营者在策划和运营短视频时，总是想着如何输出内容，却从来没有想过自己输出的内容是否获得用户的喜欢。如果运营者辛辛苦苦地制作出一个短视频，却得不到用户的喜欢，无法激起用户的点赞和评论，那么这个短视频则称不上成功。所以，对运营者来说，做好用户解读与分析非常重要。

接下来我们将从性别、年龄、地域、学历、偏好、消费和付费七个方面，对短视频用户进行全方位分析，帮助短视频运营者了解短视频用户的具体特征。

1. 性别

根据艾媒咨询报告数据显示，2019年上半年中国短视频平台用户性别分布中，男性（53.1%）略多于女性（46.9%），如图2-4所示。如果以快手短视频为视角，从快手应用用户性别分布来看，男性占比高于女性占比，其中59.17%为男性，40.83%为女性。从抖音应用用户性别分布来看，同样是男性占比高于女性占比，其中52.2%为男性，47.8%为女性。

根据《2019抖音用户画像分析》来看，男性用户对汽车、军事、科技数码类偏好度较高，女性对美妆、母婴、教育偏好度高。

短视频运营者还可以从后台看到自己粉丝的性别分布，进一步了解自己制作的短视频是男性用户多还是女性用户多。例如，

图2-5中，某短视频账号的粉丝性别分布为女性观众占比73%，男性观众占比27%。女性占比远高于男性，说明该账号的短视频内容多是向女性倾斜，或者其创作的短视频内容更易获得女性观众的喜爱。

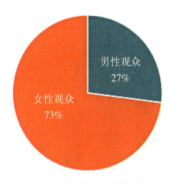

图 2-4　2019 年上半年中国短视频
平台用户性别分布

图 2-5　某短视频账号粉丝性别
分布

2. 年龄

从年龄分布上看，24岁以下人群占比为28.5%，而25～35岁用户人群超过半数，占比高达51.3%，这表明短视频正逐渐从24岁以下青年人群向25～35岁中青年用户群体渗透。总的来说，短视频平台用户呈现年轻化的特点。以快手短视频平台为例，用户偏年轻化，其中24岁及以下用户占比最高，达到了47.84%；其次，30.35%的用户为25～30岁；除此之外，36～40岁的用户占比最低，仅为4.91%。

不同年龄段关注的短视频内容不同。根据《2019抖音用户画像分析》来看，抖音00后（18~19岁）用户群体对游戏、时尚穿搭、知识读书类短视频偏好度较高，如图2-6所示；90后对二次元、游戏、知识读书类短视频偏好度较高，如图2-7所示；

图 2-6　抖音 00 后用户的兴趣偏好

图 2-7　抖音 90 后用户的兴趣偏好

80后对母婴、建筑装修、汽车类短视频偏好度较高，如图2-8所示；70后对建筑装修、音乐、美妆类短视频偏好度较高，如图2-9所示；60后对母婴、音乐、美妆类短视频偏好度较高，如图2-10所示；60前用户对音乐、舞蹈、美妆类短视频偏好度较高，如图2-11所示。

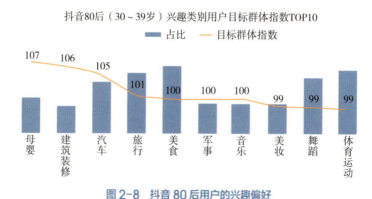

图 2-8　抖音 80 后用户的兴趣偏好

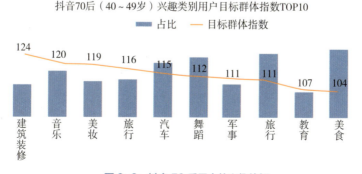

图 2-9　抖音 70 后用户的兴趣偏好

图 2-10　抖音 60 后用户的兴趣偏好

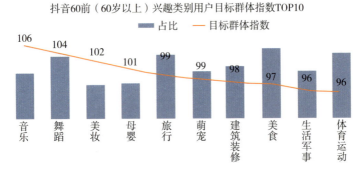

图 2-11　抖音 60 前用户的兴趣偏好

3. 地域

从城市分布来看，目前一、二线城市用户占比为52.1%，其中二线城市用户占比为22.4%。三、四、五线城市TGI指数（反映目标群体在特定研究范围内的强势或弱势的指数）较高，分别为102.5、106.3、107.5，可见下沉市场用户特征显著。

近年来，随着一、二线城市的逐渐饱和，短视频用户正在向中青年人群、三、四、五线城市渗透，下沉市场成为互联网巨头角逐的新战场，也将成为未来短视频用户增长的主要支撑，甚至会成为新的流量入口和行业增长点。

4. 学历

从2019上半年中国短视频平台用户学历分布情况来看，初高中生为短视频平台的主要用户，学历为高中的用户占比36.6%，初中用户占比34.8%。其次本科占比25.4%，硕士及以上占比最少，仅占3.2%，如图2-12所示。从整体上看，短视频用户的整体学历偏低。

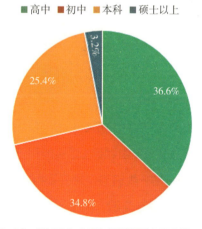

图2-12　2019年上半年短视频平台用户学历分布

某种程度上说，学历偏低对创作有直接的影响。从创作者角度看，用户（观看者）学历偏低，相比较于一些知识技能类、有价值类的短视频，用户更喜欢或更愿意点开泛娱乐化的短视频内容，这使得很多短视频运营者为了获得用户的点击更愿意去制作和运营具有娱乐性质的短视频。另外，当学历偏低的用户成为短视频创作者时，制作出来的短视频也粗制滥造，仅仅满足用户的视听娱乐，有价值的内容比较少，对广大用户来说也是一个损失。当然，随着短视频行业的不断发展以及国民素质的提高，短视频用户的学历水平也将得到提高。

5. 偏好

根据艾媒咨询数据显示，短视频用户更偏好搞笑幽默、生活技能、新闻现场类的短视频，但用户对各个类型的视频的偏好都有所上升。其中，美食、运动健身和宠物类增加较多。对于碎片化时间而言，轻松幽默、烹饪、技巧/知识学习类短视频是用户首选的消遣方式。

艾媒咨询分析师认为，用户观看的短视频类型更加趋向于各垂直内容领域，并且从搞笑幽默到生活技能和新闻现场等，未来短视频内容升级将会是一大趋势。短视频相较于其他媒体形式（如长视频、文字等）具有简练、快捷、生动的特点。因此用户对于技巧性、实用性强的知识内容接受性更强。63.3%的用户因学习知识与技能的原因开始使用短视频产品，而55.5%的用户表示喜欢技巧/知识类短视频内容。

分析用户偏好对短视频运营者有着重要的指导意义，不仅能让短视频创作者知道用户更偏好哪种内容，又可以在入驻时适时地调整自己所要入驻的领域。

从PGC内容（专业生产内容）和UGC（用户生产内容）偏好角度分析，据艾媒咨询数据显示，2019年上半年，短视频用户对专业生产内容表现出更高的偏好，偏好率由2017年的24.6%上升至33.8%，对于专业生产内容和用户生产内容结合的视频偏好率由37.4%上升至43.6%，如图2-13所示。

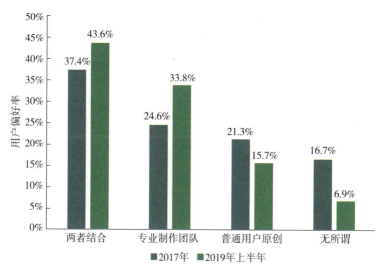

图 2-13　2019 年上半年中国短视频用户创作者类型偏好调查（与 2017 年对比）

艾媒咨询分析师认为，用户生产内容的创作门槛低，内容贴近生活，能够拉近用户与创作者之间的距离，而专业生产内容的质量相对较高，两者的结合更受用户喜爱。短视频平台用户正处于追求更高质量、更专业的视频内容的阶段。

6. 消费

从消费的角度看，短视频用户以小额消费为主，付费意愿与付费习惯有待培养。在2019年5—11月，短视频消费平台的用户消费金额在50～499元的占比为54.3%，即月均消费8～80元。其中消费区间为300～499元的占比为35.5%，而高额消费的用户占比较少。

短视频的消费主要分为在电商购买和直播打赏两个方面。

在电商购买方式中，用户更偏好通过点击链接跳转后通过其他电商平台进行购买，占比为51.5%，略高于在平台内置电商直接购买，这一行为表明消费者对短视频平台的内置电商购买渠道信任度不足，消费者的信心与消费习惯仍需要培养。

直播打赏方面，在直播时会打赏主播的消费行为占比为40.9%，构成了短视频平台收入的重要来源之一，但用户的付费意愿依然存在提升的空间。

7. 付费

据艾媒咨询数据显示，与2017年相比，2019年上半年用户的付费意愿大幅度增加，从31.3%增长至54.8%，过半用户现在更愿意为其喜爱的视频付费。

为喜爱的短视频付费可分为知识付费、电商付费和种草付费三种形式。其中电商付费在第1章第5节"转化"中已做重点阐述，常表现为短视频运营者与商家合作，在短视频下方出现产品链接，用户可直接点开链接实现购买。种草付费常表现为短视频运营者在短视频中介绍商家或品牌的产品，用户在观看的过程中若是被产品种草，也会在各大电商平台下单购买。知识付费则目前主要表现为知识技能型教学短视频。总体上看，"知识付费+短视频"模式还处于探索阶段，尚未形成一个有效的模式和一个精品领跑的平台来整合和规范知识付费短视频的标准。

从2019年上半年给出的数据看，用户的付费以小额消费为主；线下用户的版权意识增强，并且伴随着知识付费的兴起，用户的多样化需求得到满足，短视频营销越来越被用户所接受，短视频平台通过视频内容营收的模式具有较大潜力，具体表现如图2-14所示。

以上是以2019年上半年中国短视频平台用户情况作为重点展开分析，既让大家系统地了解到2019年上半年短视频用户在性别、年龄、地域、学历、偏好、消费和付费方面的大致情况，也为短视频定位做出参考。对于短视频运营者来说，更好的做法

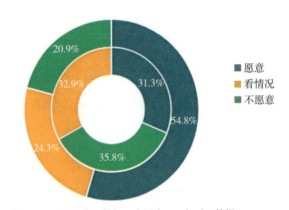

外圈为2019年上半年数据，内圈为2017年对比数据

图2-14 2019年上半年中国短视频平台用户付费意愿调查

是在入驻短视频平台之前，先对该平台的用户情况展开深入了解和分析，为自己接下来的短视频运营铺平道路。

▶ 第3节
短视频定位的四大思考逻辑

不少短视频运营者常常随心所欲、毫无规划地做短视频运营，导致的结果是很难见到成效，并且越运营越茫然，不知道运营的出口在哪里。究其根源，就在于运营者没有做好短视频定位。

从某种程度上说，定位决定了一个短视频账号的粉丝数和变现的"天花板"。一个优秀的定位，再加上优质的短视频内容输出，完全有可能使账号后来居上，弯道超车，突出重围。

所以，对于短视频运营者来说，一定要重视定位，并厘清短视频定位的四大思考逻辑，如图2-15所示。

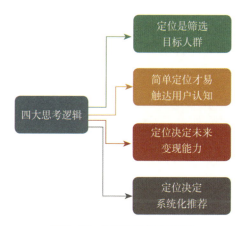

图 2-15　短视频四大思考逻辑

1. 思考逻辑一：定位是筛选目标人群

不少短视频运营者在定位时，常常会陷入两种误区。一种

是定位过于宽泛，将所有的用户都定位成自己的目标用户，导致运营效果差，也大量浪费了推广资源。另一种情况则相反，定位过于狭窄，从一开始就选中了目标人群中的核心用户，却排除了一般用户、潜在用户和非用户，导致用户群体太过狭窄，最终的结果是即便达到了传播和变现的目的，但是也大大缩小了发展空间。

被誉为"定位理论"之父的美国商业战略大师艾·里斯（Al Ries）在《定位：争夺用户心智的战争》中有一句话，"公司犯的最大的错误就是试图满足所有人的需求，即人人满意陷阱。"短视频运营者并不能设想所有的短视频用户都能成为自己的用户。如果将试图满足所有用户当作自己定位的基础，最终可能一无所获。

所以，从定位的角度看，短视频运营者要筛选出自己的目标人群，进而精准地将自己的短视频和产品投放给这部分人群。

2. 思考逻辑二：简单定位才易触达用户认知

1956年，美国心理学家乔治·米勒（George A. Miller）发表了一篇关于短时记忆的研究报告《神奇的数字7±2：我们信息加工能力的局限》，明确提出了普通人的短时记忆容量只有（7±2）个单位，也就是5~9个数字、单词、字母、无意义音节等组块。

这个结论后来被多次实验证实了。基于人的大脑结构与运作水平，越复杂的信息越难被用户记忆。在短视频定位中同样如此，如果短视频运营者定位复杂不易理解，同样也会让用户因理解困难而放弃。例如，在一个短视频中，运营者想要给用户传递三个以上的信息点，这不仅会造成用户不满，还很难给用户留下统一而深刻的印象。

所以，短视频运营者在定位时要明确地意识到简单定位才能触达用户认知，坚持"少即是多"的原则。无论是短视频定位，还是人设、产品卖点等，都不适宜复杂、繁多。进一步说，在定位中，一个充满故事性或复杂性的人设其实并不讨喜，过于复杂和神秘的人设只会干扰用户对人设的快速认知。同样，产品定位也是如此，只需要提炼出1~2个最突出的特质即可，方便用户记忆和识别。

3. 思考逻辑三：定位决定未来变现能力

有的短视频运营者常常抱着走一步看一步的心态运营短视频，忽略了长久变现的打算。他们常常将目光放在粉丝增长上，认为粉丝上涨就会离变现之路不远了。虽然运营者期望涨粉的目的无可厚非，但是盲目追求粉丝上涨而忽略对变现的考虑其实是本末倒置。一般来说，盲目追求涨粉的短视频账号经常习惯发布一些泛娱乐化性质的短视频，吸引而来的粉丝黏性较差，比较宽泛，而且变现路径长。

如果粉丝不能变现，转化率很低，即便粉丝增加了也没有实际的价值。这也就是为什么有的拥有十几万粉丝甚至几十万粉丝的短视频的变现能力不如一个只有几万粉丝的短视频账号的变现能力的原因。

除了关注粉丝数量上涨外，有的短视频账号的短视频内容与营销的产品完全是分离的。例如，做美妆领域的短视频账号却在短视频中推荐母婴产品，不仅变现效果很差，还会让粉丝感到不满。但是等到运营者想要调整定位时，却又为时已晚，不仅操作难度大、成本高，还难以顺利地改变账号在用户心中的形象和定位。

所以，短视频运营者在定位时就要从变现开始思考，定位决定未来的变现能力。具体来说，短视频运营者在定位时，就要认真考虑什么类型的内容容易变现或什么类型的内容容易被用户和粉丝买单，从而实现有效转化。

4. 思考逻辑四：定位决定系统化推荐

在第1章第6节的"短视频运营的五大要素"中，我们说到短视频定位的重要原因之一是短视频平台更愿意扶持真正踏实做内容的创作者，尤其持续在垂直领域不断输出有价值内容的短视频账号。可以说，明确的账号内容会直接影响短视频平台的系统化推荐。

　　每个短视频平台都有其推荐机制，短视频平台推荐的几个关键指标主要有转发、评论、点赞、完播率、停留时长、停留轨迹、账号活跃度、粉丝数等。例如，抖音有强大的算法和智能化和个性化的推荐机制。无论是短视频发布者还是短视频观看者，都会被贴上相应的标签。具体来说，短视频创作者发布的短视频内容会被系统识别并贴上标签。同时，用户在浏览和观看短视频时，同样会被系统打上相应的标签，记录用户观看、点赞、评论、转发、停留时长的信息。然后，系统会根据用户的喜好和习惯，后续为用户推荐相关的内容。

　　例如，短视频运营者选择定位的类型是技能分享类，多是发布美妆护肤技能的短视频，那么系统也会给商家的账号打上"美妆护肤""美妆技能"等标签。与此同时，如果用户最近喜欢观看美妆护肤类的短视频，他的标签关键词也会出现"美妆""护肤"等标签，那么系统会将美妆领域创作者的短视频推送给关注"美妆""护肤"的这类用户。这也是短视频运营者要做定位的一个重要原因。

　　所以，对于短视频运营者来说，如果能够坚持自己的定位并持续输出优质内容，在垂直领域不断精耕细作，就能不断强化自己的标签，并在该类型的内容上提升被推荐的权限，这样系统就会优先将内容分发给具有相应标签的用户，使运营更精准化。

总之，短视频定位是非常重要的环节。短视频运营者要理顺以上4点短视频定位的思考逻辑，做出更适合的短视频定位。

▶ 第4节
短视频定位八部曲

运营一个优质的短视频账号，输出核心价值，并在入驻领域精耕细作，形成自己独特的风格和特色，让别人无法轻易模仿和超越，才能在这个领域中处于绝对的优势地位。

可以说，短视频定位是整个短视频运营中最重要的一个环节。尤其是那些想要在短视频运营中获得巨大流量的运营者，必须清楚自己擅长什么领域，可以输出什么内容，如何吸引用户并留住他们，而这一切都要从短视频定位开始。只有定位准确，才能发挥出先天优势，争夺巨大流量池。具体来说，短视频定位中要做好8项重点工作，包括明确运营目的、选对账号领域、账号布局明确、核心价值输出、表现形式清晰、差异化记忆点、数据驱动内容、同类型对比。这8项重点工作称为"短视频定位八部曲",如图2-16所示。

图 2-16　短视频定位八部曲

1. 明确运营目的

明确运营目的是短视频运营的第一步。一般情况下,短视频运营的目的包括以下几种。

一是品牌宣传和产品推广。短视频平台已经成为巨大的流量阵地,越来越多的商家和品牌入驻短视频,通过短视频运营实现品牌曝光、产品推广和销售的目的。

二是打造"网红"。在各大短视频平台上,成为一名"网红"也是不少人运营短视频账号的目的,并且已经有非常多的成功案例。例如,著名的"网红"达人papi酱就是成功地通过短视频出道,拥有千万级粉丝,成为著名的短视频大V。

三是带货变现。短视频拥有强大的带货能力,例如,很多短视频运营者与商家和品牌合作,通过推荐好物、短视频内插入广告或链接等方式帮助商家和品牌带货。

2. 选对账号领域

选对账号领域是短视频定位的第二步。账号领域一般决定着短视频的内容走向，影响着后续短视频的播放量与变现能力。某种程度上说，账号领域选得好，就成功了一半。

但是，对不少短视频运营者来说，选对账号领域并不是一件容易的事情。运营者若是选择热门的账号领域，比如娱乐、情感、美妆、汽车等领域，往往会因为该领域已经有很多成熟的、优质的短视频账号而难以形成竞争优势。相反，如果运营者选择冷门的账号领域，可能又会面临受众少、内容冷门而难以打开局面。

刚开始做短视频运营的运营者在选择账号领域时，要首选自己擅长、有经验、有资源的领域，这样更容易成功。例如，短视频运营者个人擅长美妆，可选择入驻美妆领域；美食商家可以入驻美食领域。

3. 账号布局明确

短视频运营看似简单，其实运作起来并不容易。尤其是内容创作，一条优质的短视频可能会耗费制作团队数天的时间。所以，一个短视频制作出来，不建议只在某一个短视频平台发布，而要选择全网多平台发布，将单条短视频的效用发挥到最大化。

短视频运营者要有账号布局的意识，在多个短视频平台上创建同名账号。除了多平台矩阵账号外，运营者还可以在同一个短视频平台开设多个账号。例如某图书公司，在小红书短视频平台上开设多个账号，包括"掌阅职

图 2-17　某图书公司在某平台开设多个账号

场""掌阅读书实验室""掌阅读书"等，如图2-17所示。从账号名称上看，这些账号名间有一定的关联性，能够帮助用户识别，同时也有助于形成竞争优势，扩大账号间的影响力。

4. 核心价值输出

确定核心价值是短视频定位的第四步。只有为用户创造价值，提供优质的内容，才能成为有价值的短视频账号。例如，泛娱乐化性质的短视频账号，核心价值就是能够满足用户的视听体验，让用户从紧张的工作和生活间隙中得到暂时的放松；网红类的短视频账号，核心价值在于独特的人格魅力，包括温暖治愈的微笑、清新姣好的面容、真诚的个性等；垂直领域类短

视频账号，核心价值在于给用户提供知识和技能，帮助用户解决问题，提升技能等；带货类的短视频账号，核心价值在于能够为用户挑选到性价比高的产品，帮助用户避免产品挑选的雷区等。

不管是哪种类型的短视频账号，无论是泛娱乐账号还是垂直领域账号，要想获得用户的持续关注，有用或者有趣至少要占其一。短视频运营者想要长远发展，就要通过内容为用户提供价值，打造账号的核心竞争力。

5. 表现形式清晰

在确定了目的、领域和账号布局后，我们就可以根据实际需求和团队情况，选择合适的表现形式。出色的表现形式能让短视频内容更出彩。一般来说，常见的表现形式有以下几种。

一是实拍。实拍类的视频是短视频的绝对主流内容，它的适用性最强，可应用范围更广，展现出的内容更具真实感、代入感，更贴近用户。例如，七喜的短视频就是实拍类，通过真实的场景和人物，给用户带来熟悉的感觉，如图2-18所示。

二是文字。这类形式的短视频门槛最低，成本最少，一般账号能达到数十万粉丝级别已经算不错了，粉丝数的"天花板"很快就达到了，如图2-19所示。

图 2-18 实拍类短视频示例

图 2-19 文字类短视频示例

　　三是图片。图片形式类似于 PPT，常常整合了图片和文字。这种形式的短视频常与文字情感相结合。这类形式的短视频相比较于实拍类短视频，操作简单，制作流程也很简短。

　　四是创意。这种形式的短视频常通过一些创新的艺术表现形式吸人眼球。

　　短视频运营者在定位时，就要明确自己短视频的表现形式。我建议短视频运营者在一段时间内将表现形式保持统一，这样可以加深粉丝的印象，同时也能降低短视频创作的难度。

6. 差异化记忆点

那些拥有千万级别粉丝的短视频账号一般都有着独特的记忆点，无法被简单化、流程化地模仿，也很难被别的账号所替代。例如，在某短视频账号发布的短视频中，田园牧歌式的生活形成了差异化的记忆点，既能吸引广泛的用户，又很难被其他短视频运营者模仿，如图2-20所示。

所以，在短视频定位时，运营者要想吸引眼球，就要塑造差异化的记忆点，打造个人专属的标志。这里的差异化既可以是与众不同的人设，也可以是独特的内容、新颖的短视频表现形式等。运营者要思考自己的短视频与其他短视频形成独特差异的地方，并将差异做到最大化，形成一个标志性的记忆点，让用户过目不忘。

图 2-20　某短视频账号以"古风美"形成差异化竞争

7. 数据驱动内容

数据驱动内容是短视频定位的第七步。短视频发布到短视频平台后,短视频运营者要时刻关注数据的变化,用数据验证账号的定位是否合适,用数据引导账号的运营调整。通过完播率、点赞量、评论量、转发量、收藏量等,了解哪种类型短视频的内容比较受用户欢迎。

例如,电影解说领域的短视频运营者在发布短视频后,发现每次发布悬疑恐怖类的短视频时,用户和粉丝的点赞量、评论量和转发量都很高,说明这类短视频内容更容易受到用户的喜爱。

所以,对于短视频运营者来说,观察和分析也是一项重要的工作。用观察和分析而来的数据驱动内容,做出相应的调整,制作出用户更喜闻乐见的短视频。

8. 同类型对比

短视频定位的最后一步是同类型对比。美国通用电气前CEO(首席执行官)、世界企业管理之父杰克·韦尔奇(Jack Welch)曾经提出"向标杆学习"相关理论,他认为"标杆学习"即选择一个标杆企业或标杆个人,针对其某一领域、某一管理系统里值得学习的管理方法和经营方式,然后不折不扣、系统全面地进行学习。

在短视频运营中同样也是如此，短视频运营者如果能够找到同类型的标杆账号进行对比，不仅可以以此作为自己学习和追赶的标兵，还能确定自己努力的方向和奋斗的目标（包括具体的阶段性目标）。

例如，短视频运营者选择入驻的是萌宠类型，就要搜索在萌宠领域做得好的短视频账号有哪些。可借助飞瓜数据、新抖等短视频数据分析工具去查找有哪些粉丝在五十万以上甚至是百万级的同类账号。

在找到同类型账号后，短视频运营者就要将自己的账号与标杆账号进行对比，分析这些标杆账号的内容是如何做的、按照什么流程拍摄短视频的、人设是什么、剧情是什么、发布频率是什么样的、商业闭环是什么等。除此之外，短视频运营者还要分析这些标杆账号之"最"是什么。是短视频拍得有创意，还是出镜人物的人设吸引人？是短视频内容生动有趣、充满吸引力，还是短视频传递出的风土人情让人向往，短视频出镜人物的颜值高……。通过和同类型账号进行对比，找出自己的不足和改进点，不断优化自己的短视频内容。

一个完整的短视频定位需要经历以上八部曲，如果错漏其中的任何一点，都很难奏响和谐的乐章。所以，短视频运营者在定位时，要严格按照以上八点做出规划，顺利完成短视频定位。

▶ 第5节
人设类型定位

随着短视频领域的竞争越来越激烈，一个用户常常会关注很多短视频账号，这就意味着他们不可能对每一个关注的账号都有深刻或鲜明的印象。要想让自己的短视频账号深深地印在用户和粉丝的脑海中，有一个非常好的方式就是进行人设类型定位。

"人设"这个词语最初起源于漫画、动画中，全称是"人物设定"，就是给自己笔下的角色添加一些框架，比如性格、技能、相貌、家庭背景、人际关系等，目的是塑造一个丰满的、立体的角色形象，给人留下深刻印象。

在短视频领域同样如此，一个独特的人设可以让你从同类账号中脱颖而出，还能迅速圈粉，吸引广大用户关注。下面将介绍六种人设类型定位，如图2-21所示。

图2-21　六种人设类型定位

1. 才艺类

才艺类人设一般是以才艺作为个人最大的卖点或特点，例如，唱歌，跳舞，书法，乐器（钢琴、小提琴、萨克斯、单簧管等）等。当然，这里的才艺并不只是唱歌、跳舞和乐器等，还包括一些特殊才艺，如手工制作，尤其是冷门技能很容易就从同类才艺中脱颖而出，成为佼佼者。

例如，"小芸手工"视频号，不用任何现代机械工具，就能徒手打造手工木制品，迅速火遍全网，甚至成为一张"活名片"，如图2-22所示。

才艺类人设优势在于"才"，对于一些没有任何才艺而言的用户而言，拥有才艺型的短视频博主在他们眼中自带光芒。尤其是擅长特殊才艺或者拥有的才艺远超出同类者的短视频博主，很容易吸聚众多的用户和粉丝。一旦用户关注你，成为你的粉丝后，就会有很强的黏性，也更容易变现。

图 2-22 才艺类人设示例

一般来说，才艺型人设有一定的门槛，需要具备一定的才艺技能。所以才艺型人设定位适合拥有才艺，尤其是才艺等级比较高的人，例如音乐学院或舞蹈学院的学生等，或者有过才艺学习或培训经历的人。

2. 颜值类

"颜值"是网络流行词，表示人靓丽的数值，用来评价人物相貌。如同其他数值一样，"颜值"也有衡量标准，可以测量和比较，所以有"颜值高""颜值爆表""颜值低""颜值暴跌"的说法。这里我们说的颜值型人设通常是指长相漂亮的人。

颜值类人设是指以高颜值作为个人最大的卖点或特点。所谓"爱美之心，人皆有之"，对于美好的事物，人们会有更多的憧憬。因此高颜值的短视频博主往往更容易赢得人们的好感。有一张干净好看的脸，有着饱满精神状态的人，往往能够让用户产生良好的第一印象，进而让人不自觉地受其吸引，想要关注。

例如，在抖音短视频平台上，很多拥有百万级粉丝的短视频博主有一个很明显的特征就是颜值高。无论他们发布什么内容的短视频，都有着非常可观的点赞量和评论量。显而易见，颜值型人设适合长相出众的人。当然，颜值一般但气质良好，且有着不俗衣品的人，同样可以走颜值型人设。

3. 搞笑类

搞笑类人设是指以搞笑作为个人最大卖点或特点。一般而言，有趣搞笑的人会给用户带来快乐，释放紧张的神经，这也是很多用户难以拒绝的人。搞笑类人设定位的优势在于给用户带来无限快乐的同时，也能迅速占领用户的心智，让用户难以拒绝。

例如，在抖音短视频平台上，因为长相甜美可爱、有一双大眼睛而走红抖音和微博，凭借可爱呆萌的样子圈粉无数的"刘怡歆"，已获得上千万的点赞。其拍摄的短视频内容大都以搞笑话题为主，看完之后很容易获得用户的认同，如图2-23所示。

一般来说，搞笑类人设适合一些脑洞大、思维活跃，比较有表演欲望的人，拥有这些特点的人既能想到比较好的创意，又能以自然的方式演绎出来而不显突兀。

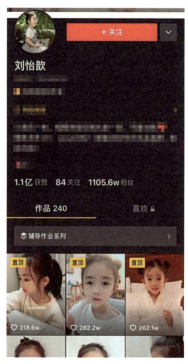

图 2-23　搞笑类人设示例

4. 情感类

情感类人设是指以情感、治愈、温暖作为个人最大卖点或特点。情感类人设定位的优势在于能够与用户产生较深的情感连接和共鸣，有效地增强用户的忠诚度。一旦用户认可你的情感内容，就不会轻易离开，后续变现也比较顺利。例如，知名的情感大V"情感蓉蓉"，以短视频的方式帮助用户处理情感困惑，给予一些情感建议等，成功通过情感大V的形象赢得百万粉丝，如图2-24所示。

图 2-24　情感类人设示例

情感类人设定位适合有着细腻情感或者对情感处理有着独到之处的人，他们在做这类短视频时往往能如鱼得水，也能给用户一些独到且实用的情感建议。

5. 专家类

专家类人设是指在某方面有专业技能或拥有专业知识的人，或者以特别精通某一学科或对某项技艺有较高造诣作为最大卖点或特点的人。专家类人设定位的优势在于在用户中信服力较高，甚至以关键意见领袖形象出现，对用户是否购买一款产品起着决定性的作用。例如，"运动医学专家陈易满"可以称为专家类人设，凭借着丰富的运动医学经验，成为广大用户心中的关键意见领袖，获得用户的信任，如图2-25所示。

图2-25　专家类人设示例

专家类人设比较适合在某个领域有比较深入研究的人或者拥有专业权威的资格证书的人，比如医生、心理咨询师等。

6. 非真人类

非真人类人设是指不以真人出镜，而是以卡通形象或虚拟人物出镜，这类人设定位的优势在于能够展现可爱的非真人形象，尤其是一些可爱、暖萌、机灵的卡通人物形象，用户对这类非真

人类人设的接受度也比较高，如图
2-26所示。

一般来说，相比于真人类人设，
非真人类人设难度比较大，通常需
要专业的人或专业的团队制作。所
以，非真人类适合专业的动漫团队
制作，更容易制作出精品。

总之，短视频运营者要想在众
多的短视频账号中脱颖而出，让用
户对你产生深刻的印象和好感，并
且能快速地记住你，人设类型定位
不失为一个很好的方法。

图 2-26 非真人类人设定位

第6节
七种内容类型定位

内容类型定位是指根据短视频内容的核心价值和表现形式做

出区分，进而判断该短视频内容的主要作用和价值是什么。常见的内容类型定位包括故事类、心灵鸡汤类、道理类、知识类、情感层次类等，如图2-27所示。通常，每一种内容类型的短视频都有着非常可观的用户群体。例如，很多用户喜欢在短视

图2-27　七种内容类型定位

频平台上刷心灵鸡汤类的短视频，因为这类短视频一般能够戳中人们内心深处隐秘的心事，带来精神抚慰，也能振奋精神。

对于短视频运营者来说，从内容类型的角度做出定位，不仅可以知道自己能做什么内容的短视频，还能确定自己的竞争优势。

1. 故事类

故事类短视频通常把剧本变成一个个故事，每一期短视频都有一个鲜明的故事线。有故事、有剧情，通过短视频的形式向用户传达自己想要表达的情感和传递的思想。故事类内容类型定位的优势在于人们对故事类短视频接受程度比较高，因为人们都喜欢看故事。例如，《一禅小和尚》短视频就属于故事类内容类型，

展现了主人公一禅和师父阿斗老和尚之间有趣温情的故事。

一般来说，擅长写故事或深谙故事框架的短视频运营者适合做故事类内容类型。

2. 心灵鸡汤类

心灵鸡汤，就是"充满知识、智慧和感情的话语"，柔软、温暖，充满正能量。心灵鸡汤带有精神安慰作用、具有动机强化（励志）作用，内容是对世界较为乐观的认识或者行动指向的表达。尤其是快节奏的生活和无处不在的压力让人们感觉内心疲倦，人们偶尔也需要这种激励性的"语言艺术治疗"，而心灵鸡汤类短视频则巧妙地抓住了人性的感情弱点，给人抚慰。

心灵鸡汤类短视频定位的优势在于短视频中传递出的励志、积极、乐观、追求、向上的内容既能引发一部分用户的共鸣，戳中他们的心声和痛点，又能通过正能量的、抚慰精神的内容给用户以指导，从而提升用户的关注。例如，在各大短视频平台上，有不少短视频账号在做心灵鸡汤类的短视频，短视频的点赞量和评论量也比较高。

一般来说，心灵鸡汤类的短视频并没有特别的设限，几乎人人都可以制作。简单的心灵鸡汤类短视频可以是纯文字的心灵鸡汤短视频，难度高一点的是配些图片，难度再高一点的是以动画的形式展现，或者是以人物出镜的方式口播带有心灵鸡汤意味的文字。

3. 道理类

道理类短视频内容类型是指以讲授道理作为短视频核心内容，包括职场人际关系道理、婆媳相处道理、人生选择智慧道理等。在抖音上，有很多做道理类短视频的账号，通常在短视频中以告诉大家道理的方式输出自己的核心价值，即便是简单的纯文字的短视频，也能获得可观的点赞量和评论量，如图2-28所示。

道理类短视频定位的优势在于用户对能够帮助自己工作、生活和心态调整得更好的道理的接受程度比较高，愿意转发和收藏。

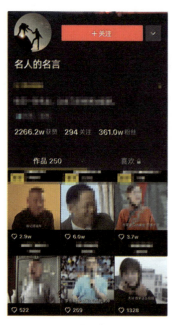

图 2-28　道理类人设示例

一般来说，道理类短视频和心灵鸡汤类短视频的制作模式和流程相近，操作简单，几乎人人可做。

4. 技能类

技能类短视频以传授技能作为核心价值，技能类同样有着不少的受众。相对来说，喜欢观看技能类的用户会成熟一些，他们对于这类短视频的基本诉求就是"实用""提升自身的技能"。例如，"PPT制作技能""美食教程""美妆教学""塑身教程"等。

一般来说，技能类短视频用户忠诚度比较高，后续变现也比较容易。例如，教授生活小技巧的短视频若在短视频中植入一些物美价廉的产品，很容易就会被用户下单。

总体来说，技能类内容定位适合原本就擅长某技能的人。例如，某短视频运营者对美妆教学颇有心得，则可以做技能类内容定位。

5. 知识类

知识类短视频一般是在某个领域拥有持续的原创内容的产出能力，最好有一定的影响力。例如，"丁香医生"通过向用户持续输出专业、有用的医学常识，构建"科学性+接地气表述"的内容生产逻辑，用通俗易懂的语言传播晦涩难懂的专业知识而受到用户的喜欢。

知识类短视频内容包括人文、科普、生活、心理、成长、职场、创业等。它的优势在于垂直于知识和经验分享，让用户刷完短视频后能够收获一些有用的信息，学到生活和工作知识技能，实现个人提升。例如，"媒体人华少"本人会经常发布一些有用的知识，供读者阅读，如图2-29所示。

图2-29　知识类人设示例

相对来说，知识类短视频定位难度较大，需要短视频运营者本人具备专业的知识，才能让用户信服。

6. 感官体验类

感官体验类短视频是指能够让用户满足视听体验。例如，在抖音短视频平台上，很多高颜值的短视频博主通过一段舞蹈就能成功吸引众多的用户，获得上百万的点赞量和数十万的评论量。感官体验类短视频定位的优势在于瞬间就能抓住用户的关注，让用户停留。

通常情况下，感官体验类短视频定位适合具有一定才艺的人，比如会唱歌、跳舞、乐器演奏等。当然，除了才艺能够给用户带来感官体验外，美食、美景等短视频也能给用户带来感官刺激，比如美食类、旅游类的短视频，也能拥有众多的粉丝。

7. 情感层次类

情感层次类短视频定位是指从情感角度出发，可细分为情感导师和情感心灵两类。情感导师是专业进行情感挽回、情感指导和情感分析的，理论性和针对性比较强，用户忠诚度比较高。例如在短视频平台上有很多情感专家、知心姐姐、知心大叔等，帮助用户分析情感问题以及提供解决方案。情感心灵类短视频也是以情感作为基本底色，通过能够戳中人心的话语，引起用户的情感共鸣。除此之外，情感类短视频内容也经常通过情景短剧、为你读诗等方式为用户带来情感共鸣，在各类平台上都比较常见。

情感层次类短视频比较适合对情感领域有研究或有见解的人。当然，并不是所有做情感层次类内容定位的短视频运营者都必须得是对情感领域有见地的人，如果运营者能够整合一些有关情感的知识和资料，也可以做这种内容的短视频。

在短视频定位时，内容类型定位也不失为一种好方法。具体选择哪种定位方式，还需要短视频运营者根据自己的兴趣爱好和特长，结合自身情况做出具体的安排，争取最大化地发挥出自己的专长去做短视频内容。这样既能得心应手，又能有的放矢地实现目标。

第 **3** 章
短视频内容
策划与制作

▶ 要想短视频脱颖而出，一个好的内容策划与制作必
不可少。内容策划和制作包括确定、规范短视频内
容及方向，提供思路及想法，还需要准备好选题和
拍摄制作的方法，便于后期拍摄制作。可以说，内
容策划与制作是花费时间最多的工作。

▶第 1 节
短视频内容制作团队的组建

短视频运营是通过合理的短视频内容制作、发布及传播，向用户传递有价值的信息，从而实现短视频传播和用户增长与转化的目的。要想能够持续地给用户创作有价值的内容，就必须具备持续制作高质量内容的能力，因此拥有一支优秀的短视频内容制作团队至关重要。

所以，组建短视频制作团队是短视频运营前期工作中非常重要的一个环节。一个优秀的短视频制作团队可以最大化地保证短视频成品的质量，高效地产出成果。快速组建一个视频内容制作团队重点在于先确定需要哪些工作人员，再根据具体情况做出结构调整，达到一个最佳的人员配置组合，并确定团队内部具体的工作流程。这是短视频内容制作工作能够有条不紊展开的重要保证。

1. 短视频内容制作需要哪些人员

虽然短视频不同于微电影和电视制作那样对特定的表达形式

和团队配置有硬性要求，但是超短的制作周期和趣味化的内容对短视频制作团队的策划和编导功底有着一定的挑战。所以，有一个专业的内容制作团队对保质保量地产出成果有着重要的作用。

　　首先，整个团队要有一个总领导，即编导，编导是短视频创作团队中的最高指挥官。然后，其余人员要根据短视频的内容来进行安排。在编导之下，需要有执行人员，包括摄影师、剪辑师、后期、演员等人员，具体如图3-1所示。当然，其中有能力的团队成员或预算不足的团队成员可以身兼数职，能有效地缩减预算。但是，如果对短视频的内容要求较高或者资金比较充足的情况下，则可以增加相应数量的成员。例如，短视频内容制作团队对后期剪辑的要求比较高，还可以再增加一名后期剪辑人员共同完善拍摄成果。

　　总的来说，短视频内容制作团队一般是3～6人。对于一个标准的起步阶段的短视频内容制作团队来说，至少要配备编导、

图 3-1　标准的短视频内容制作团队需要的人员

拍摄、剪辑人员各1名。在完善阶段，短视频内容制作需要编剧、导演、剪辑师、摄影师、后期、演员等人员。

2. 短视频制作团队的人员配置与分工

了解短视频制作团队所需要哪些人员后，接下来就要明确人员配置与分工。

明确短视频内容制作团队的人员配置与分工，对于一个刚刚组建的短视频制作团队来说非常重要。一方面清晰明确的人员配置与分工可以让团队成员各司其职，发挥才能，快速地投入到工作中，高效产出成果。另一方面明确的人员配置与分工不仅有利于快速高效解决问题，又能防止出现工作推诿的情况，一旦短视频制作过程中出现什么问题，可以立即与负责这部分工作的人员沟通。所以，明确团队的人员配置与分工是保证工作稳定进行、增强团队凝聚力的重要保证。

一般来说，短视频制作团队的人员配置与分工有以下三种情况。

第一种情况：1人配置，单人成团，1人承包所有的内容制作工作。

有的短视频制作团队因经济受限等各种因素的影响自成团队，一个人包揽策划、拍摄、演绎、剪辑等全部工作，但是这种情况工作量很大，且制作时间成本较高，虽然不乏内容创作质量优秀者，但相对而言整体质量较为一般。

第二种情况：2人配置，两人成团，相互分担整体工作。

因人员较少，2人配置的分工并不是很明确，通常两人都要承担策划、摄影、剪辑、出镜的工作，或者是一人身兼编剧和导演，另外一人承担拍摄和剪辑的工作。这种人员配置相比单人配置会轻松一些，但是整体任务量依旧比较大，要求两人综合实力要强，相对而言也比较艰难。

第三种情况：多人配置，各司其职，分工明确。

多人配置为3人及3人以上的成员组成一支内容制作团队，包括编导、摄影师、剪辑师等人员，各司其职，具体内容如图3-2所示。如果是一个标准的起步阶段的短视频团队，人员配置多在4～5人，包括编导、摄影、剪辑、演员、后期，各由1人负责，各人分工明确。

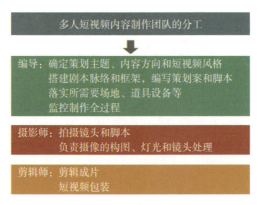

图3-2 多人短视频内容制作团队的分工

编导：编导即编辑+导演，主要工作包括确定策划主题、内容方向和短视频风格，贯穿内容制作过程始终。能够根据短视频定位，参与短视频内容策划，搭建剧本脉络和框架，编写策划案和脚本；落实所需场地、道具设备等，并组织拍摄，指导摄影师和剪辑师更好地呈现短视频的主题，精准地把握短视频的拍摄方向；监控制作全过程，保证短视频按时按质完成。

摄影师：摄影师是拍摄镜头和脚本的人，主要对拍摄负责，根据脚本内容通过镜头把想要表达的内容表现出来；负责摄像的构图、灯光和镜头处理等的最佳状态，按照编导的策划完成高质量画面摄制。

剪辑师：剪辑师主要对最后的成片负责，需要将拍摄的视频按照确定的主题和方向剪辑成3～5分钟的短视频，独立完成视频的剪辑、合成、制作，熟练运用镜头语言，把各个部分的镜头拼接成视频，包括配音配乐、字幕文案、视频调色以及特效制作等，让整个短视频内容更丰富，形式更新颖。同时，剪辑师也需要参与策划的整个过程，了解编导的想法，并通过自己的剪辑让主题在短视频中很好地呈现出来。

做好人员配置与分工是内容策划与制作的关键点，既能做到有章可循，又能保障短视频拍摄团队和产出的稳定性。

3. 短视频制作团队的工作流程

一般来说，短视频制作团队的工作流程分为5个步骤，如图3-3所示。

图3-3　短视频制作团队的工作流程及各环节的参与人员

第一步，召开选题会，讨论选题。

一般是由编导带领团队成员召开选题会，参加策划会的成员可以将自己认为好的选题写出来，然后相互讨论。讨论的范围包括预测用户的喜爱程度，选题是否有趣好玩，内容是否具有广泛传播的潜力，内容是否符合自己的用户定位，短视频传递出的三观正不正，拍摄和剪辑的成本如何等。一般来说，在选题会环节需要全员参与，包括编导、摄影师、剪辑师，如果有演员出镜的话，演员也要参与其中，了解整个内容创作的思路。

第二步，确定选题，编写剧本大纲和脚本。

通过召开选题会，讨论选题后，最终会确定一个选题，然后编导就要根据新选题编写剧本大纲和脚本，想好镜头和场景的运用，并不断进行修改。修改的标准是考虑剧本的转折点会不会太突兀、内容是否能够表达主题、传递出的三观正不正、字幕语言是否有逻辑等，直至最后确认。这一环节的主要参与人员就是编导。

第三步，根据剧本投入拍摄。

剧本确认后，编导要布置拍摄场地、拍摄支架等进行拍摄。如果需要演员参与，那么演员就要提前熟悉剧本台词，并做出与剧本主题相符的造型和妆容，摄影师则根据剧本内容拍摄。所以，这一环节的参与人员包括摄影师、编导和演员。

第四步，剪辑短视频。

剪辑师收到摄影师拍摄的原素材和后期剧本之后，就要开始剪辑短视频。一方面按照剧本的要求剪辑出本期短视频的主题，另一方面通过各种剪辑手法让短视频以一种更精彩的方式呈现出来，包括各种美术设计，比如卡通形象、文字设计、图片设计等。另外，剪辑师在剪辑视频时，如果发现有的镜头不可用（如模糊、摇晃、拍到一半等），还要联系摄影师进行补拍。当然，剪辑师在剪辑的时候，编导也会与剪辑师讨论如何剪辑更佳等事项。所以，这一环节的主要参与人员是剪辑师和编导，有时可能也需要摄影师的参与。

第五步，再次审核剪辑出的短视频并定稿。

剪辑师剪辑出短视频后，编导要仔细检查短视频是否有问题，包括剪辑出来的短视频是否呈现出主题、是否出现剪辑混乱、后期字幕和设计是否出错等。如果有问题，剪辑师就要按照编导的修改意见继续修改，如果没有问题就要定稿，输出成片。这一环节的主要参与人员是编导和剪辑师。

总体来说，短视频内容制作团队的组建非常重要，它一方面可以让团队紧密协作，输出高质量的内容；另一方面也能通过将各环节流程化、标准化，产出效率更高。不过具体的团队人员配置和组成还需要根据团队的具体情况做出最优调整，达到最佳的人员配置组合。

▶ 第2节
短视频内容策划

在短视频运营中我们很难绕开一个问题，就是如何做内容策划？从某种程度上说，内容策划能决定一条短视频70%以上的成败——因为内容策划是创作的发端，如果内容策划失败，那么后面的脚本、拍摄、后期都无从谈起，说得更严重点就是做无用功。

如果前期做好选题的框架和内容规划，就不仅可以保障有源源不断的短视频输出，提升用户粉丝的黏性，而且更容易出精品内容和爆款短视频，吸引到更多精准的用户和粉丝。

1. 内容方向：较大、覆盖面广

不少短视频运营者在做内容策划时，常常过于关注创意，却在关注创意的同时忽视了受众群体，甚至脱离了用户和粉丝。当然，短视频若是想发展得好，有创意的选题也是必不可少的。例如，在短视频平台上做得好的短视频账号，如"papi酱""一条""二更""办公室小野"等，他们的成功都有一个共同的特性就是有创意。但是他们的成功毕竟是少数，对于绝大部分的短视频运营者来说，过度关注创意有一个很明显的风险就是用户可能并不买账。

即便是一个奇思妙想，如果内容方向太狭窄或太小众，只能覆盖到小部分的人，也极大地缩小了发展空间。所以，要想短视频能够被更多的用户点击观看，那么内容方向就要满足较大和覆盖面广的特点。即便是发展势头火热的papi酱团队在开团队策划会时，也常常将重点放在：这个选题能不能做？能不能引起大

部分用户的共鸣？会不会有人想要看这个短视频等。

要想短视频内容方向较大，覆盖面广，那么短视频运营者可以参考以下4点。

一是在做内容策划时，要多选择互动性和参与性强的话题。内容策划最忌讳的就是策划者施展出自己的各种"奇思妙想"并践行，认为自己觉得有创意的点就会有用户来看。其实短视频内容策划还是要以用户为主，所以短视频运营者在策划时要多选择互动性和参与性强的话题。例如，美食类短视频策划可以选择教用户一些5分钟或10分钟就能搞定的菜、办公室便当、早餐等；美妆类短视频可以策划出10分钟快速搞定一个职场妆等；时尚类短视频可以介绍一些实用的服装穿搭等。运营者要根据自己入驻的领域选择一些对用户有帮助、让用户愿意点开看的内容。

二是学会利用热点。每个短视频平台都有热搜榜和话题榜，短视频运营者在做内容策划时，可以翻翻热搜榜和话题榜，看看大家都在关注什么、讨论什么，围绕用户关注度和讨论度比较高的话题做内容策划。一般，用户都在关注和讨论的内容方向覆盖面也比较广，所以从热搜榜和话题榜找内容方向也不失为一个好方法。

需要注意的是，很多热点即便讨论热度高，但是有的热点却利用不得，一些敏感话题，能避开就避开。

三是学会积累素材。内容策划是一个长期的工作，所以短视频运营者要养成积累素材的意识。平时浏览新闻或在生活中有所见闻时，多积累素材，保持敏感度。通过不断积累，为自己储存一些创作灵感，做内容策划时也能尽可能多地想出一些好的覆盖面广的选题。

四是浏览其他的热门作品。短视频运营在选择内容方向时，可以多去浏览其他的热门作品，看看他们都在做什么样的内容策划，他们是通过表达什么样的主题而引起用户共鸣，也能给自己带来一些灵感。

2. 内容栏目：符合用户需求类别

短视频运营者在做内容策划时，要明确制作出的内容栏目是符合用户需求类别的。一个短视频若是能符合用户需求类别，就给了用户一个点开你的短视频的理由。所以，短视频运营者要做的就是挖掘用户对短视频内容的需求，策划他们想看的内容栏目。

一般来说，常见的用户需求类别有以下几种。

一是消磨、打发时间。正如游戏消遣一样，短视频也是人们在消磨、打发时间时不错的选择之一。这类用户的需求是喜欢观看有趣、搞笑、好玩、新奇的短视频，所以很多娱乐性很强的短视频非常受欢迎。

二是获取新闻资讯。随着短视频的快速发展，人们观看电视的时间也越来越少，也习惯于从短视频上了解近期新闻大事件，获取新闻资讯。相比较于坐在电视机前，在手机上刷新闻资讯类短视频更便捷、快速，还能进行点赞、评论、转发等，做出互动。另外，很多官方媒体也入驻到各大短视频平台中，比如人民日报、央视新闻等，用户不仅能时时掌握权威的时事热点，还能节省时间。

三是进行深度阅读和学习。除了消磨、打发时间和获取新闻资讯外，用户观看短视频还可能是为了深度阅读和学习。短视频平台上有很多能够帮助用户提升个人技能的短视频，例如，知乎专门上线了短视频专区功能，以满足用户的学习需求。深度阅读表现在用户对一些知识和内容一知半解时，可以通过短视频帮助自己加深理解。

四是寻求指导消费。在短视频平台上，有很多短视频内容是好物推荐、产品测评、购买某产品需要避开的几个雷区等内容。通过这些内容，用户可以对一些产品的基本信息、优惠信息及购买价值等内容有一个基本的了解，从而决定是否消费。例如，小红书、什么值得买等平台，用户在购买一件产品前常常会先逛这些平台，了解更多的产品信息，这个过程就是用户在寻求指导消费。

3. 内容亮点：如何打造记忆点

短视频运营者在策划短视频内容时，还有一个很重要的工作就是如何将内容做得出彩，让用户印象深刻，并自动做出传播行为。具体来说，运营者可以从以下几点入手，做出内容亮点。

一是剧本模板。剧本模板是指将短视频内容流程标准化、流程化。例如，电影解说的短视频内容，每期的短视频内容都是按照既定的剧本模板写下来，只是解说的影片不一样而已。其他领域的短视频也是如此，形成一定的剧本模板后，既能省时省力，高效产出内容，又能增强用户黏性，让用户可以继续观看他们喜欢的短视频内容。

二是画面风格。画面风格包括画面调整、美颜、人像调色、好莱坞动景特效、炫光特效、画面色调、常用效果、新奇创意效果、镜头视觉效果、仿真艺术之妙、包罗万象的画风等。通过巧妙地应用画面风格，不仅能够使短视频更具美感、个性化以及拥有独特的视觉效果，还能给用户留下深刻的印象。例如，某博主的短视频画面风格十分唯美，让广大用户大饱眼福，如图3-4所示。

三是语言风格。独特的

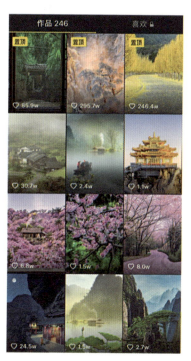

图 3-4 唯美的画面风格示例

语言风格也能形成内容特色，比如犀利的、搞笑的、温文尔雅的、变声的等，通过将语言风格固定下来，会给用户留下深刻的记忆。或者短视频运营者在解说时的语言风格，比如方言解说、吐槽解说、爆笑解说等，也能成功打造记忆点，同时也会成为内容亮点。例如，电影领域的短视频大V"刘老师说电影"拥有百万级粉丝，就是采用方言+爆笑的语言风格解说电影，赢得了众多粉丝的追捧。

四是价值观输出。如果短视频运营者的每期内容策划都有一个明确的价值观输出，既能升华主题，又能让用户从中得到反思和领悟，并感觉回味无穷，同样也可以塑造内容亮点。例如，某期短视频主题是"12岁无腿男孩乐观求学成绩优异"，视频内容就是以网上和身边的"励志人物"为对象，既能戳中人们心中的痛点，引起共鸣，同时短视频又有一个好的价值观输出，即在生活和工作中，我们要保持积极乐观的生活态度，以正能量影响身边的人，如图3-5所示。

要想做出一个优质的内容策划，短视频运营者就要根据以上三点做内容策划，既能策划出一个覆盖面广的内容方向，满足用户需求的短视频，又能打造出内容亮点。

人民日报 🅥
1-14 来自微博 weibo.com

【加油孩子！#12岁无腿男孩乐观求学成绩优异#】湖北远安，方宇翔2岁时被大货车撞倒，只能截去双腿保全性命。为了让他接受更好的教育，父母带着他从农村来到县城。宇翔乐观坚强，"如果我正能量多的话，周围的人也会开心"。如今宇翔已经12岁，成绩很优异，他的心愿是考上好大学，让爸爸妈妈享清福。...全文

图 3-5 输出价值观的短视频示例

▶ 第 **3** 节
短视频账号设计

　　一个用户打开短视频App，在刷到一条短视频并完整观看后，他会下意识地去看短视频的发布者是谁。在他开始了解短视频发布者时，第一眼看到的是短视频的头像。看到头像后并点击，他会进入到该账号的主页面，在这里他会进一步看到该账号的名字、背景图和个性化签名，对该账号有了一个全面的了解，包括该短视频博主主要输出的内容是什么、有什么样的个性等。

　　因此，要想运营一个短视频账号，做好短视频账号设计是必不可少的。短视频账号设计包括账号名字、头像、背景图和个性化签名，如图3-6所示。

图 3-6　账号设计的四个要素

1. 账号名字：简单、好记

短视频账号名字是否简单好记，直接影响用户和粉丝能不能轻松记住你，甚至只是看了一眼你的名字也能随口说出来或者再看到时就有熟悉感。在短视频平台上，有无数个短视频账号，要想用户在众多的短视频账号中记住你的账号，账号名字就要满足简单、好记这两点要求。

具体来说，要想做到简单和好记，你在为账号起名时要注意以下几点。

一是简洁，避免生僻的词汇和发音，避免复杂的拼写。要想做到简单、好记，有一个最基本的要求就是账号名字要避免生僻的词汇和发音，避免复杂的拼写，要能够让更多的人识别、记住。比如"枪枪""萌萌"等。

二是起一个有创意的、容易引起用户联想的名字。常见的方式是通过谐音来命名。例如，好物种草类账号"信口开盒"，如图3-7所示。以及"洋葱"旗下有一个账号是"七舅脑爷"，这些账号除了有新意外，名字也非常容易记忆。

图 3-7　引人联想的创意名字示例

　　三是账号名字要体现自己所入驻的领域。短视频运营者在起账号名字时，可以在名字中加入垂直领域的某些关键词。例如，你想要打造一个好物账号，可以是好物推荐、种草好物、居家好物等；你想打造一个护肤短视频账号，可以是每日护肤、护肤小百科、护肤日记等，既简单好记，又体现了所入驻的领域，更有助于后期的品牌推广和植入。

2. 头像：直观、清晰

　　头像是辨识账号的一个主要标准。用户打开一个短视频账号，基本第一眼关注的就是账号头像了。对于短视频运营者来说，选择头像要符合两个基本原则：直观和清晰。一般有以下几种形式。

　　一是真人头像。尤其是打开抖音短视频App，很多网络红人多是以真人图像作为账号头像，如图3-8所示。

　　二是账号头像与垂直的领域相关，直观清晰。这里又分为两种形式。

图3-8　真人头像示例

第一种形式用图文LOGO（标识）头像。用图文标识头像可以明确短视频的内容方向，有利于强化你的品牌形象，比如"秋叶PPT"，如图3-9所示。

第二种是使用短视频中的动画角色做头像，有助于强化角色形象，比如"一禅小和尚"，如图3-10所示。

图 3-9　图文标识头像示例

图 3-10　动画角色做头像示例

三是直接用账号名做头像。这类头像的优势在与能够给用户创造一致性印象，进一步强化品牌印象。例如，好物种草类账号"头条科技"，如图3-11所示。

四是使用卡通头像。即选取一个和自己账号内容方向相符的形象做头像，给用户传递一种活泼、俏皮、搞怪的形象。例如，好物种草类账号"软软大测评"，选取的卡通头像符合自身短视频账号的定位。

图 3-11 　账号名做头像示范

3. 背景图：引导关注

　　背景图是用户在点开你的短视频账号页面时会出现的一张
图片。主页背景图作为用户点进主页最抢眼的部分，它的功能
在于引导关注，深化用户对知识产权的认知印象。所以，短视
频运营者可以应用具有特色的图案或有趣的话语为用户提供心
理暗示，例如，"戳这里，你敢不敢关注我一下！""差一点，
我们就擦肩而过了！""点这里都是我的人！就差你一个关注
了！"等。

　　此外，背景图的颜色应该与你的头像颜色相呼应，与账号主
体是统一的风格，同时背景图还要美观且有辨识度。

　　例如，"软软大测评"的背景图设计就非常好。首先背景图
的颜色与账号颜色是相呼应的，背景图上的萌萌的化学试剂的卡

通图与账号头像的卡通图也
是相呼应的。另外，背景图
上的文字"点赞评论加转发，
软软让你乐哈哈""关注一下
咯"则是引导用户关注的。
可以说，"软软大测评"的背
景图是一个标准的模板了，
具体如图3-12所示。

图3-12　标准背景图示例

　　需要注意的是，背景图会被自动压缩，只有下拉时才能看到
下面的部分内容。所以，最好把想要表达的信息留在背景图中央
偏上的位置。

4. 个性化签名：一句话说明定位

　　一个完整的短视频账号设计除了账号名字、头像和背景图
外，还有很重要的一点是个性化签名。个性化签名一般能够向用
户传递你能为他提供什么，也能让用户看到你的个性所在。尤其
当用户不是非常熟悉你的短视频内容时，精准的个性化签名不仅
可以准确地让用户知道你的定位是什么，即你能提供的内容是不
是用户需要的或感兴趣的，还可以让用户知道你的态度和理念是
什么。

　　所以，短视频运营者也要注重个性化签名设计，根据你的定

位设计个性化签名，突出2～3个特点，用一句话表述清楚就行。
一般有以下3种形式。

一是表明身份。 即用一句话向用户介绍自己的身份，一般的
句式是形容词+名词。比如，"papi酱"的个性签名是"一个集
美貌与才华于一身的女子。"；
"刘老师说电影"的个性签名
是"我是知识嗷嗷丰富，嗓
音贼啦炫酷，光一个背影往那
一杵就能吸引粉丝无数的刘老
师！"，一句话向用户传递了
短视频博主的形象，如图3-13
所示。

图 3-13　表明身份的个性化签名示例

**二是一句话表明自己在入驻领域能够输出的内容和技能是
什么，能够给用户带来什么。** 例如，"秋叶Excel"的个性签名
是"关注我，Excel边玩边学，还能获取海量办公神器！"，如
图3-14所示。

三是表明理念和态度。 这种个性化签名常以金句或走心的
句子表现出来，展示自己的内心态度和理念。例如，"一条"的
个性签名是"所有未在美中度过的生活，都是被浪费了。"，如
图3-15所示。

值得强调的是，很多短视频运营者会选择多平台建立短视频
账号矩阵，为了能够扩大账号在各大平台上的影响力和帮助用户

图 3-14　表明输出的内容和技能的
个性化签名示例

图 3-15　表明理念和态度的个性化
签名示例

迅速识别你的短视频账号，短视频账号一经确定后，就要在各个短视频平台上保持一致，不要随意更改，以免影响用户和粉丝对账号的识别和认知。

第 4 节
短视频人物设计

　　短视频人物设计也是短视频内容策划与制作中的一个重要环节。一个独特的、吸人眼球的短视频人物不仅可以让用户产生深刻的印象，还能让用户产生继续关注的想法。

一般来说，一个完整的短视频人物设计包括人物名字、人物外形、一句独特的Slogan（口号、广告语）和有识别度的人物标志，抓住了这四点就能够塑造出一个比较立体的人物形象，如图3-16所示。

图3-16 人物设计四要素

1. 人物名字：容易记

一个容易记的名字可以直接提升用户和粉丝对你的短视频人物的识别程度。所以，要想让用户在众多的短视频人物中记住你的人物名字，就一定要满足容易记的要求。一般来说，容易记的人物名字一般有以下三个特征。

一是独特的、不常见的，但是没有生僻字，读起来不绕口的名字。比如"七格格""王尼玛"等。

二是简单的叠字名字。简单的叠字名字也非常容易让人们记住，比如"浪浪""妙妙"等。

三是朗朗上口，非常形象的名字。比如"钱开开""钱多多"等。

2. 人物外形：符合出镜定位

人物外形符合出镜定位，不仅可以强化人物形象，还能在用户脑海中创造一致印象。例如，李子柒的出镜定位是深居山野的美妙女子，所以李子柒的人物外形设计是一个穿着精致美丽的古风衣服在田间劳作，时而刺绣、时而种豆、时而做饭的美人。

人物外形包括妆容、服饰、肢体动作等。短视频人物要做到妆容、服饰和肢体动作与出镜定位相符合。例如，出镜定位是小丑角色，那么妆容要活泼、嬉皮一点，服饰和肢体动作也要夸张一些，这样更能塑造让人印象深刻的短视频人物。

3. 口号：有记忆点

"Slogan"是一个英文单词，意思是口号、广告语。对消费者的意义在于其所传递的公司的产品理念，它所强调的是一家公司和它的产品最为突出的特点。一个好的口号，既是一个成功人物设计的超级符号，又能够短时间占领粉丝的心智高地，成为增强粉丝认知的名片。可以说，一个有记忆点的口号能促进对外形象的建立和传播，潜移默化中让用户和粉丝记住，强化人物形象，甚至别人可能一想到那句话就会想到你。

例如，papi酱的"一个集美貌与才华于一身的女子"，这句口号不但成为她的代表语言，也成了人们认识她并且记住她的一个很重要的标记。这句简单并带有自夸性质的口号既加深了用户对她的印象，也让初次认识papi酱的用户对这个女孩充满了好奇心。

某种程度上说，一句口号是让用户记住短视频人物的一个很简单、很有效的途径。所以，短视频口号一定要有记忆点。具体来说，一句有记忆点的口号要满足以下几个条件。

一是从账号属性、出镜人物特点、关键利益点等角度提炼。例如，入驻美食领域的黄小哥，他的口号是"大家好，我是今天的主厨黄小哥"，这句话从自己的账号属性出发，能在瞬间抓住用户的关注点。再例如，短视频账号"小片片说大片"的头像是一只戴着眼镜拿着话筒的阿拉斯加犬，在他的每期短视频中，他都会说一句口号"大家好，我是戴着眼镜拿着话筒的阿拉斯加片片"，既符合账号属性，又趣味无穷。

二是与人物风格和短视频内容相符。如果口号与人物风格和短视频内容相符合，也能形成记忆点。例如，很多入驻三农领域的短视频运营者，他们的口号常常与质朴的人物风格相符，例如，"我是乡村小妹××"等。

三是巧用使用比喻、排比、对偶等修辞手法或者使用形容词，让口号更生动形象。例如，"同学们大家好，我是一个知识嗷嗷丰富，嗓音贼啦炫酷，光一个背影往那一杵就能吸引粉丝无

数的刘老师"。

需要强调是，短视频运营者在设计口号时，要坚持"三不原则"：

一是不要太深奥，一时间让用户难以意会，不知道你的口号具体是什么意思；

二是不要跨领域，比如美食领域的口号却说到游戏领域；

三是不要随意更换口号。口号一经确定后就不能随意更换，否则会影响用户的认知。

4. 人物标志：有识别度

短视频中的人物标志要有识别度，既能加深用户的印象，又能突出人物形象。具体来说，人物标志的识别度具体表现为：颜值、穿衣风格、发型、吸睛的饰品、独特的拍摄场景等。

一是颜值。 一般来说，长得漂亮的、长得耐看的，或者很独特的长相一般都具有一定的识别度。

二是穿衣风格。 风格比较独特或夸张、风格比较知性有品位等，也会增强识别度。

三是发型。 夸张的或者不同颜色的发型，也能增强一个人的识别度。例如"你的子笺子凛"的黄色发型，如图3-17所示。

四是吸睛的饰品。 例如，在短视频中，出镜人物的肩膀上站着一只玩偶，如图3-18所示。既能吸引用户的视线，给用户带来一定的视觉刺激，又能让用户留下比较深刻的印象。

　　五是独特的拍摄场景。例如，短视频人物将每次拍摄的场景放在装饰得很有小型演唱会感觉的浴室，也能产生独特的效果。

　　总之，一个优质的让人产生深刻印象的短视频人物设计，可以从人物名字、人物外形、口号和人物标志上入手，设计出一个独特的、让人印象深刻的短视频人物。

图 3-17　增强辨识度的发型示例　　　　图 3-18　吸睛的饰品示例

▶ 第 5 节
修订短视频内容标准

2019年1月9日，《网络短视频内容审核标准细则》100条正式发布。《网络短视频内容审核标准细则》是中国网络视听节目服务协会发布的审核标准细则。针对网络视听领域存在的不足和薄弱环节，分别对开展短视频服务的网络平台以及网络短视频内容审核的标准进行规范，这意味着从法律层面对网络短视频内容审核设立了标准。

因为短视频用户庞大，短视频传播速度极快，如果视频内容出现不能传播的画面或信息，将会造成极大的负面影响。对于短视频运营者来说，如果辛苦制作的短视频因内容出现违规或敏感信息而被短视频平台退回，甚至是封禁账号，确实是一件打击非常大的事情。

为了能够传播更符合国家和法律规定的短视频内容，让网络短视频健康发展，也为了能够让短视频账号获得长久发展，修订一套短视频内容标准非常重要。

1. 价值标准

价值标准是从大方向上确定短视频内容的价值底线，短视频运营者要知道哪些内容能做，哪些内容不能做，哪些内容发布后会受到平台的约束，哪些内容会触碰到国家法律法规。价值标准又分为以下几点。

一是国家的法律法规限制。为提升短视频内容质量，遏制错误虚假有害内容传播蔓延，营造清朗的网络空间，短视频运营者要根据国家相关法律法规，如《互联网视听节目服务管理规定》和《网络视听节目内容审核通则》，制定相关标准，具体内容不得含有覆盖攻击我国政治制度、法律制度的内容，分裂国家的内容，危害民族团结的内容，损害国家形象的内容，损害革命领袖、英雄烈士形象的内容，泄露国家秘密的内容，破坏社会稳定的内容，歪曲贬低中华优秀文化传统的内容，宣扬封建迷信、违背科学精神的内容，宣扬不良、消极颓废的人生观、世界观和价值观的内容，渲染暴力血腥、展示丑恶行为和惊悚情景的内容等。

二是社会道德标准。有的短视频内容虽然没有触及国家的法律法规，但是不符合社会道德标准，这类短视频同样也不能广泛传播。例如，婚内出轨、不扶摔倒老人、富贵弃糟糠、满嘴谎言、见死不救等不正确的社会价值导向的内容。这类短视频同样也不符合健康和谐的价值标准，会引起群众的极大愤懑，甚至会引发社会问题。

三是平台规则。在每个短视频平台，也会有着它的平台规则，用来限制一些不合法规和社会道德的短视频。短视频发布者也要遵循短视频平台的规则。例如，短视频平台不允许发布违反宪法确定的基本原则的；危害国家统一、主权和领土完整的；散布淫秽、色情、赌博、暴力，传播恐怖主义的短视频等。若内容违规会被扣分，若内容严重违规，则会对该账号进行封号处理。

短视频内容团队一定要从国家的法律法规、社会道德和平台规则三个角度去修订短视频内容的价值标准，绝对不能让违反以上价值标准的内容出现，否则会面临严重的后果。

2. 审核标准

短视频运营者在修订短视频内容标准时，除了要遵守正确的价值标准，还要进一步修订审核标准。审核标准是短视频内容团队内部制作的一套标准和流程，要具体到每一个环节中。如果说价值标准是第一道且是绝对不能触碰的底线，那么团队内部的审核标准则是第二道不能触碰的防线。例如，不少短视频运营者有利用热点的意识，但没有意识到高热度也意味着高敏感。如果运营者在利用热点之前不加以判断，很可能会面临扣分、封禁的处罚。所以，短视频内容团队内部一定要有一套审核标准。

短视频内容团队在修订审核标准时，可以从以下几点出发。

一是选题。如果一开始选题就不对，那么接下来的所有工作都是在做无用功。所以，在做选题时，短视频运营者要多研究短视频平台禁止的内容和选题方向。例如，在某短视频平台上，不允许发布宣扬星座、风水的选题内容。

除此之外，内容团队也不要去触碰敏感的话题，尤其是政治时事，更不能抱着打擦边球的心理去做一些比较有风险的选题，以免最后鸡飞蛋打。

当然，内容团队确定了一个能做的选题后，绝不意味着可以随意发挥，团队还是要坚持输出真实、有温度、有价值的内容。例如，做娱乐内容的短视频，绝不能出现恶意抹黑艺人或诽谤艺人的内容。

需要强调的是，短视频平台都有一些敏感词汇的限制。所以短视频运营者要多去关注各平台的动态，及时了解平台官方新发布的禁令通知或政策调整。

二是拍摄。内容团队也要制定一道内容拍摄的审核标准，明确哪些内容和画面是不能拍摄的或者拍摄出的内容是不能传播的。例如，在某短视频平台上，一些动作亲密、穿着暴露等画面是不允许拍摄和传播的。

三是标题。在标题上，内容团队也要建立审核标准。一般来说，有几种情况，如夸张式标题、标题与内容原意有偏差、标题色情低俗、其他问题（标题含错别字或有病句等），内容团队若是在标题上出错，轻则警告，重则扣分。

四是封面。除标题外，封面也是用户第一眼看到的信息。一个优质的封面会提升用户点开短视频的概率，所以封面审核也要严格。具体来说，短视频运营者要避免上传画质较低的视频封面，也要避免随意截取视频中的一帧，没有任何配文、画面后期加工等；更不要出现画面无法突出视频主题的封面，不要使用二维码作为封面等。

总之，短视频内容团队一定要根据自己制作的短视频的内容性质制定出一些标准，既能有效地避免自己触碰到红线，保障自己的账号安全，又能高效创作，避免做无用功。

▶ 第 6 节
短视频拍摄制作

短视频拍摄制作是短视频内容制作的最后一个环节，也是非常重要的一个环节。优质的短视频拍摄制作可以让选题呈现得更引人入胜，给用户留下深刻的印象。如果细心观察那些优质的短视频，就会发现他们在构图手法、背景音乐、画面调色、景别处理以及拍摄手法上都十分用心。

一般来说，短视频拍摄制作主要包括写脚本、拍摄和剪辑三项工作。如果这三项工作到位，不仅可以让策划出的选题内容更出彩，还能打动观众，给他们留下深刻的印象。

1. 脚本

短视频虽然短则十几秒，长则几分钟，但是每一个镜头都是精心设计的。就像导演拍一部电影，每一个镜头都是有内容、有设计的，都是在脚本的加持下完成的。脚本是指表演戏剧、拍摄电影等所依据的底本或书稿的底本。具体来说，短视频脚本包括以下几点。

一是镜头景别。包括远景、全景、中景、近景、特写等，如图3-19所示。

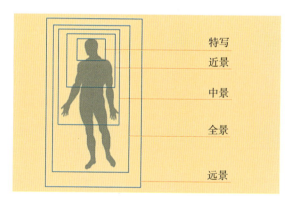

图3-19 几种镜头类别示例

以人物拍摄为例，不同的景别定义和功能均不同，如表3-1所示。

表3-1　镜头景别及其定义、功能

景别	定义	功能
远景	把整个人和环境拍摄在画面中	常用来展示事件发生的时间、环境、规模和气氛
全景	把人物的整个身体展示在画面中	表现人物的全身动作，或者是人物之间的关系
中景	拍摄人物膝盖至头顶的部分	既能看清人物的表情，又能显示人物的形体动作
近景	拍摄人物胸部以上至头部的部位	有利于表现人物的面部或者其他部分的表情、神态
特写	对人物的眼睛、鼻子、嘴、手、脚等这样的细节进行拍摄	突出细节

二是内容和台词。 内容就是把你想要表达的东西通过各种场景方式进行呈现。具体来讲就是拆分剧本，把内容拆分在每一个镜头里面。台词是为镜头表达准备的，起到画龙点睛的作用。

三是时长。 时长指的是单个镜头的时长，拍摄制作团队要提前标注清楚，方便剪辑师在剪辑的时候找到重点，提高剪辑的工作效率。

四是运镜。 运镜指的是镜头的运动方式，如从近到远、平移推进、旋转推进等。下面我们再具体介绍一下短视频拍摄中经常用到的一些运镜技巧。

前推后拉，指的是将镜头匀速移近或者远离被摄体，向前推进镜头是通过从远到近的运镜，使景别逐渐从远景、中景到近景，甚至是特写。这种运镜方法容易突出主体，能够让观者的视觉逐步集中。

环绕运镜，指保持相机位置不变，通过以被摄体为中心手持稳定器进行旋转移动。环绕运镜就犹如巡视一般的视角，能够突出主体、渲染情绪，让整个画面更有张力。

低角度运镜是通过模拟宠物视角，使镜头以低角度甚至是贴近地面角度进行拍摄，越贴近地面，所呈现的空间感则更强烈。

除了以上几种技巧之外，运镜方法还有很多，当摄影师能够熟练地使用稳定器的时候，就可以在基础的运镜动作上加上其他元素，使镜头看起来更加酷炫，更具有动感。

2. 拍摄

随着智能手机技术的不断发展，很多短视频创作者会直接用手机制作短视频。智能手机自带拍摄功能，而且机身轻便、方便携带、操作简单，又可以直接分享到社交平台上，实时查看发布状态，从而检验自己作品的效果，所以通过智能手机拍摄短视频成了众多短视频运营者的首选。当然，对于一些发展成熟、资金充足的运营团队来说，他们会选择更专业的拍摄设备。

除了要有一部智能手机外，拍摄团队还需要三角支架和稳定器。其中三角支架的作用是固定拍摄设备，并且让拍摄出来的短视频画面不会出现抖动的情况。稳定器的作用是除了防止拍摄短视频抖动，还可以对拍摄物体追镜和运镜。

接下来，我们向大家具体分析用智能手机拍摄短视频时的技巧。

（1）智能手机拍摄的要素

首先，为了保证画面清晰，观看舒适，适合设置分辨率1080P，选择尺寸16∶9，把手机中相机的分辨率调到最大参数。

其次，拍摄者还要选择好场景和角度，并注意光线。光线好，画质就会更好。所以摄影师要选择光线明亮的拍摄环境，保证光线充足。

再次，拍摄画面要稳，保持手机稳定，画面清晰。

最后，拍摄者还要处理音效和清理镜头，包括杂音、影响画面整体效果的物品。

（2）让画面更好看的5个构图方法

第一，中心构图，把主体放在画面中间，如图3-20所示。

第二，九宫格构图，主体放在画面的九宫格的4个点，如图3-21所示。

第三，引导线构图，指利用引导线突出主体，如图3-22所示。

第四，利用前景构图，让画面更有空间感，如图3-23所示。

第五，构图要有取舍，背景避免杂乱，突出主体（自动对焦）。

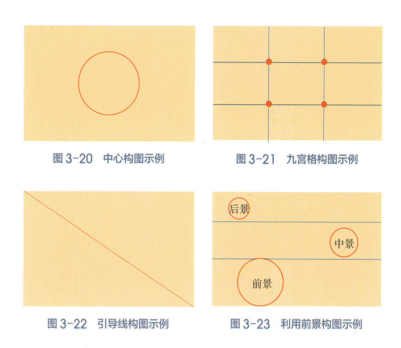

图 3-20　中心构图示例　　　　图 3-21　九宫格构图示例

图 3-22　引导线构图示例　　　　图 3-23　利用前景构图示例

（3）选择合适的拍摄视角

一般来说，常见的拍摄视角有以下几种：

水平视角，也叫跟拍，更有代入感。

仰拍，像拍摄树林、大楼、天空等从下往上拍。

俯拍，站得高一些，从上往下拍。

低角度拍摄，又叫蚂蚁视角，即相机贴近地面拍。

儿童视角，避免拍出大头娃娃，比如拍孩子时要蹲下来。

短视频拍摄者要根据脚本的要求选择合适的拍摄视角，例如，想要展现某地全貌时，适合选择俯拍视角。

（4）让视频画面更丰富的技巧

第一，学会使用不同的景别交替，包括远景、中景、近景、微距、特写，能够更好地向观众交代出故事的剧情发展。

第二，可以拍一些转场的镜头，让视频转场更有意思。

第三，可以拍一些空镜头，让画面更能展现无限的内容。

（5）把控视频的色彩

要想短视频的画面充满美感，就要注意短视频主体颜色的协调性，让用户观看愉悦。具体来说，短视频拍摄者要了解一些基本的色彩知识，比如色温、色相、互补色、相邻色等，还要了解一些调色工具和调色插件。

在开始制作视频的时候，制作者首先要进行一级调色，通过调整色温、白平衡进行颜色校正，然后是二级调色，进行风格化处理等。

短视频拍摄看似只需要用一台手机或摄像机将需要拍摄的人或事物拍下就好，但是要想生动地呈现出主题和想要传达的内容其实并不容易。短视频拍摄里面有着诸多奥妙，需要摄影师兼具技术性和艺术性。

3. 剪辑

"剪辑"一词原为建筑学术语，意为"构成、装配"。后来才用于电影，音译成"蒙太奇"。短视频剪辑就是将所拍摄的大量素材，经过选择、取舍、分解与组接，最终完成一个连贯流畅、含义明确、主题鲜明并有艺术感染力的作品的过程。剪辑，不仅是技术，而且是一种有创造性的艺术形式。

从某种程度上说，剪辑师的剪辑能力对整个短视频的成败起着至关重要的作用。在剪辑环节，我重点向大家介绍两点知识。

（1）剪辑六要素

在美国著名导演罗伊·汤普森（Roy Thompson）的《剪辑的语法》一书中，作者提出了剪辑六要素：信息、动机、镜头构图、拍摄视角、连贯、声音，如图3-24所示。

图 3-24　剪辑六要素

第一，信息。新的镜头应该给观众呈现新的信息，甚至

剪辑师手下的每一个镜头都是有意义的，能够给观众传递某种信息。

第二，**动机**。即从一个镜头衔接到另一个镜头的动机。可以是视觉动机也可以是听觉动机。也就是为什么要从上一个镜头切到下一个镜头。

第三，**镜头构图**。镜头构图是考虑切入或切出镜头时的一个重要因素。剪辑师可以通过正确的镜头构图让画面更生动活泼，给用户一种身临其境之感。例如，剪辑师可以在视频里设置一些运动的物体作为线索，抓住观众的视线追踪，保持一定的趣味性。

第四，**拍摄视角**。对"恰到好处"地剪辑在一起的两个镜头来说，可避免"同景别切换"。换句话说，如果剪辑师将摄影角度相同的两个镜头放在一起剪辑，会导致剪辑点出现跳跃的感觉，这一行为会干扰观众的观看体验，甚至会出现极短时间的思维中断。

第五，**连贯**。使转场保持平稳流畅天衣无缝的连贯，是避免观众注意到剪辑的重要法宝。在剪辑中，一般要处理四种形式的连贯，包括内容连贯、动作连贯、位置连贯、声音连贯。

第六，**声音**。声音除了起到动机之源的作用外，还不失为电影说明或传达信息的一种好方式。短视频得以呈现给用户、传递信息给用户的工具就是视听语言。例如，视频中通过一个远景镜头展现出一个年轻女人身处嘈杂的办公环境中，接下来，镜头切到中景，按理说若根据声音的连贯性，观众还是会听到办公室的嘈杂声。但是剪辑师并没有这么做，镜头切到中景时，观众听到的却是与年轻女人平静的表情极为搭调的舒缓音乐，而这种舒缓音乐生动地传达出年轻女人此刻的内心体验。剪辑师既成功地利用声音将年轻女人从嘈杂的办公环境中解救出来，又传递给观众不一样的体验，这就是声音剪辑的魅力。

（2）短视频剪辑的主要工作

一般来说，短视频剪辑的主要工作有以下4项。

第一，素材处理和视频编辑。剪辑师要初步整理所有的拍摄素材，先把自己可能需要的片段截取出来，然后按要求、按脚本，以突出某主题内容为目的剪辑制作、段落删减、增加删减片段。

第二，字幕处理。指为视频素材添加标识、中外文字幕、说明字幕、修饰字幕、三维字幕、滚动字幕、挂角字幕等。

第三，音频处理。指为视频素材添加背景音乐、特效音乐、专业播音员多语种配音解说、对口型配音、配乐等。

第四，包装处理。指为视频素材剪辑后全方位特效包装，蒙太奇效果、制作三维片头片尾和Flash片头片尾、形象标识特效等。

总之，短视频拍摄制作是短视频内容制作和策划的重点，拍摄制作团队一定要重视并且承担责任，让短视频尽善尽美地呈现出来。

第4章
短视频推广与引流

▶ 流量是短视频的基础，决定着互动、粉丝，甚至变现。对于短视频运营者来说，要想获得更多的流量，就要做好短视频推广与引流的工作。短视频推广与引流既要遵循短视频平台的推荐价值，又要借助一定的技巧和工具，双管齐下。

▶ 第 1 节
短视频平台的推荐机制与原理

短视频平台每天都会投放不计其数的短视频，有的短视频播放量喜人，轻松上热门，而有的短视频播放量却很惨淡。其实，任何一个上热门或者热门比较高的短视频看似偶然，背后却是受短视频平台的推荐机制影响。

了解短视频的推荐机制与原理对短视频的推广与引流十分重要。所以，短视频运营者要想让短视频平台更多地推荐自己发布的短视频，获得比较高的播放量，就要多研究短视频平台的推荐机制与原理，并遵循短视频平台的推荐机制与原理。

1. 短视频平台的推荐机制

通常情况下，短视频的推荐机制从短视频上传开始算起。

基于短视频平台每天会收到数量庞杂、内容质量参差不齐的短视频，为了给用户带来良好的内容消费体验，短视频平台会使用设定好的系统对新投放的短视频进行初审。首先系统会通过大

数据分析，设置一些敏感词汇检测，保证短视频的基本内容不会出现违规、低俗等内容。这属于系统性风险检测，是一个绝对硬性的指标，也是短视频运营者永远不能触碰的底线。

当内容不符合平台规范时，短视频将被退回不予收录，或被限制推荐（限流），严重者会被封号。常见的违规问题包括带有广告推广信息、标题党、封面党、低俗、虚假、传播负能量等。如果上传的短视频包含敏感或禁忌内容（包括文字、话题）会被系统识别，系统就会退回短视频。

除了检测内容外，有的短视频平台还会检测音乐。例如，抖音会对音乐进行检测，主要基于两个目的。一是对抖音没有版权的音乐进行限制，会给用户发出站内消息，提示发布的短视频所用的音乐没有版权，已经被限制分享；二是将短视频中使用的音乐打上标签，比如使用了某热门音乐，这也是为什么用户在刷抖音短视频时，常常会连续刷到使用相同背景音乐的短视频。

当系统识别到短视频内容和音乐没有问题时，此时短视频会在平台上线，系统也会开启第一次推荐。需要强调的是，有的短视频内容虽然没有违规，但是短视频画面与别人的短视频画面相似度太高，此时平台也不会推荐，或者对此进行低流量推荐、仅粉丝可见或仅自己可见。

（1）首次推荐机制

系统进行首次推荐时，机器会先小范围地推荐给可能会对短视频标签感兴趣的人群，数量在300～500人。这些被推荐的人可能是短视频运营者的通讯录好友、账号粉丝、关注这个话题或标签的用户，也可能是同城附近位置、系统随机分配等。这也是有时短视频用户会接收到内容互动率几乎为0（没有播放量、没有点赞量和评论量）的短视频的原因，说明用户正处于这种推荐中。

当系统给出第一波推荐后，系统会根据给的推荐量和播放量，对刷到短视频的人的反馈进行检测和统计，如果用户的反馈比较好（比如完播率比较高，用户会点赞、评论或转发等），系统会判断该视频在第一个推荐池中的表现为优秀，然后开始第二次推荐。

（2）分批次推荐机制

分批次推荐是指平台对短视频分不同的批次进行推荐。首次推荐给用户后的反馈数据将对下一次的短视频推荐起到决定性作用。如果首次推荐的反馈好，平台就会进行第二次推荐、第三次推荐……相反，如果首次推荐反馈后的数据不理想，那么平台就会停止推荐。因此，分批次推荐机制的核心是下一次推荐量的高低取决于上一次推荐之后的反馈数据如何。

如果短视频在经过系统的多次推荐后，已经有几十万甚至上百万的播放量，系统一般会采用人工干涉的手段，对这些高播放量的短视频进行人工干预检测。对于内容优质，符合正确价值观和平台调性的短视频，平台会进一步推荐，形成大热门视频。

总的来说，短视频平台的推荐机制，是基于人工智能的算法，根据用户的兴趣精准地推送他们会感兴趣、喜爱的短视频。推荐机制的本质，就是从一个巨大的内容池里，给当前用户匹配出可能感兴趣的视频。信息的匹配主要依据三个要素，即用户、内容、感兴趣。

2. 短视频运营者需要遵循的六个原则

短视频运营者要研究并尊重短视频平台的推荐机制。具体来说，要遵循六个原则。

一是永远不要触碰违规内容和底线，否则轻则限流，重则封号。 如果短视频运营者创作的内容不符合平台的规范和要求，那么就会被卡在第一道线，甚至都没有首次推荐的机会。所以，短视频运营者要想让自己的短视频能够获得更多的推广与引流，首先遵循的第一个原则就是永远不要触碰违规内容和底线。

二是标题、话题和音乐的使用都很重要。 要想获得更多的推荐机会，短视频运营者要在标题、话题和音乐上下功夫。多策划能吸引用户好奇心、给用户带来乐趣和利益的标题，多参与平台的热门话题，多使用传播度高的、受人喜爱的音乐。尤其在抖音短视频平台，短视频运营者尽量使用热门音乐，参与热门话题讨论，从而提高视频的推荐指数。

三是除了视频内容本身以外，系统还会综合账号权重、用户

标签等内容因素进行推荐。与账号权重有关的影响因素有原创度，质量评级，账号身份（新人、偶像、关键意见领袖）等，高权重账号会得到推荐分加权，进而获得更高的推荐量。

在短视频平台上，一些高权重的短视频账号往往会跳过前几波的推荐而直接获得比较大的流量，因为他们有稳定的观看群体，创作出的短视频内容质量也非常高，平台也希望通过大流量的账号留住其他的用户群体，因此会给予非常高的推荐量。与大流量的账号相比，没有流量的小账号只有先专心做好内容，通过坚持原创、提高内容质量、稳定发布、涨粉来提升账号权重，从而获得更高的推荐量。

四是优质的垂直内容是获得推荐的重要保证。短视频平台更愿意扶持、推荐真正做内容的短视频运营者，尤其是在垂直领域输出有价值内容的创作者。这类创作者十分受平台的喜爱，平台也愿意给予他们更多流量。所以，优质的垂直内容是获得推荐的重要保证。对于短视频运营者来说，应当找准自己的定位，知道自己的短视频能够吸引哪一部分用户，并有针对性地创作优质的内容，进而获得平台的大力扶持。

五是对于流量池的推荐反馈机制，短视频运营者可以通过一些简单的技巧加以控制。例如，短视频运营者可以通过引导评论、设置神评论、引发争议话题等手段增强短视频的活跃度，进而获得更高的推荐量。

六是新账号不要忽视养号。新账号的前5个作品是重中之重，随意乱发视频只会影响你的账号权重。如果你的账号平均作品都是在100以下的播放量，或者总是在100～200徘徊，那么你的账号就属于最低权重号。若是持续半个月到1个月还是如此，就会自动变成僵尸号。当账号变成僵尸号后，很难引起平台的重视，自然难以再获得推荐。因此，对于短视频运营者来说，新账号一定要养号，每天保持模拟正常用户使用习惯，养号周期为3～7天。

短视频运营者与其抱怨自己的短视频推荐量少，不如多花些时间去研究短视频平台的推荐机制与原理。所谓"工欲善其事，必先利其器"，如果能够投推荐算法所好，短视频的播放量自然会上涨。

第 2 节
短视频投放

短视频投放是短视频运营中一个非常小但又很重要的环节。不少短视频运营者往往并不注重短视频投放，表现在制作出一个短视频后，随意地发布到短视频平台，将所有的希望全部寄托在短视频内容自身所能达到的程度上。

其实，这种做法很不明智。所谓"尽人事听天命"，其中"尽人事"特别重要，短视频运营者要多研究短视频投放方法和技巧，进而让短视频获得更多的推广与引流。

1. 投放平台

根据易观分析发布的2019年11月短视频App TOP10榜单，月活跃用户规模进入亿级的短视频App有4个，包括抖音、快手、西瓜视频和腾讯微视。它们的月活跃用户规模分别为5.30亿、4.25亿、1.41亿和1.41亿。对于短视频运营者来说，首选的短视频投放平台应该是这四大短视频App。

当然，这四大平台之间竞争极为激烈。为了保持竞争优势，这四大平台的定位略有差异，核心用户群的特点也存在不同。为了提高短视频投放的效果，短视频运营者必须深入了解这四大平台的定位和核心用户群的特点，再结合自身定位以及短视频内容、目标用户的特点选择合适的平台进行投放。

（1）抖音短视频——记录美好生活

抖音App于2016年9月20日上线，是一个面向全年龄段的音乐短视频社区平台。用户可以拍摄自己的短视频作品并上传到抖音App上，分享传播，获得其他用户的点击、点赞、转发和评论。抖

音平台自带短视频制作的音乐、特效功能，配乐以电音、舞曲为主，深受年轻用户喜爱。用户多在抖音上分享奇闻趣事、生活日常。

抖音的用户主要有5个特征。

第一，抖音用户主要以一、二线城市年轻用户为主，男女比例比较均衡，女性略大于男性。

第二，抖音用户中19～30岁目标群体指数高，新一线、三线及以下城市用户目标群体指数高。

第三，抖音用户的省份/城市TOP10分布中，广东、河南、山东省占比高，郑州、西安、昆明市偏好度高。

第四，抖音用户中，男性19～24岁、41～45岁的用户偏好度高，女性中19～30岁用户偏好度高。

第五，抖音用户标签为喜欢音乐、美食和旅游居多，用户的社交风格更趋向于流行时尚、文艺小清新与校园风格。

综上，建议搞笑类、颜值类、创意类，视频时长比较短（比如只有几十秒的短视频）的短视频首选投放在抖音短视频平台。

（2）快手短视频——记录世界记录你

快手App前身叫"GIF快手"，诞生于2011年3月，最初是一款用来制作、分享GIF图片的手机应用。2012年11月，快手从纯粹的工具应用转型为短视频社区，用于用户记录和分享生产、生活的平台。后来随着智能手机的普及和移动流量成本的下降，快手在2015年以后迎来市场快速增长，成为流量巨大的短视频平台。快手的用户定位是社会平均人，即普通人的分享平台，所以快手的用户群体很广，也很接地气，里面会聚了很多的民间高手，内容也充满了奇趣。

快手的用户主要有4个特征。

▶

第一，快手的大部分用户来自二线城市以下，来自四线及以下城市的用户占很大的比例。

第二，快手的用户分布区域较为广泛，沿海区域分布较高，年龄分布阶段也比较丰富，12～45岁都是快手的主要用户，分布在各行各业。

第三，在学历方面，快手的用户以初中学历以及本科学历居多，文化程度分化差异较大。

第四，快手平台的短视频内容多是四线及以下城市的生活百态，从田间地头到广场上，非常真实且接地气。

综上，建议拍摄内容比较接地气、多是展现生活中真实的一面、用户群体多为三、四线城市的短视频首选投放在快手短视频平台。

（3）西瓜视频——给你新鲜好看

西瓜视频App是字节跳动旗下的个性化推荐视频平台，以

"点亮对生活的好奇心"为口号，由今日头条孵化。西瓜视频分类包括音乐、影视、社会、农人、游戏、美食、儿童、生活、体育、文化、时尚、科技等，其中影视、游戏、音乐、美食、综艺五大品类的视频数量几乎占据了总视频数量的半壁江山，获得众多用户的喜爱。另外，西瓜视频有一个边看边买的功能，可以在视频中插入与视频内容相关的商品卡片，用户观看视频时点击商品卡片完成交易，运营者即可获得佣金分成收益。

西瓜视频的用户主要有5个特征。

第一，西瓜视频的用户中男女比例是8∶2，男性占比较高。

第二，西瓜视频的用户中有70%以上的用户在30岁以上，其中31～35岁占比35.5%，36～40岁占比11.8%，41岁以上占比26.9%。

第三，在地域分布上，西瓜视频的用户大多分布于人口密度大的东南中部，尤其集中在超一线、一线、二线城市。其中超一线城市占比10.5%，一线城市占比33.9%，二线城市占比21.1%。

第四，在内容偏好上，西瓜视频的用户中，男性对美食、音乐、游戏感兴趣，女性对美食、音乐、育儿的兴趣度更高。

第五，在消费能力上，西瓜视频的用户中，中低消费者占比达35.7%，中高等消费者占比22.4%，中等消费者占比22.4%，低等消费者占比17%，高等消费者占比2.6%。

综上，建议影视综艺类、以男性用户为主的、时长多在4~7分钟的短视频首选投放在西瓜视频平台上。

（4）腾讯微视——发现更有趣

微视App是腾讯旗下短视频创作平台与分享社区，用户既可以在微视上浏览各种短视频，也可以拍摄短视频分享自己的所见所闻。用户可通过微视的模板制作互动视频，并通过微信、QQ等社交平台分享给好友；好友可直接在微信、QQ里浏览该互动视频，并进行互动操作，也可以在微视发布界面勾选"同步到朋友圈（最长可发布30秒）"按钮，即可将最长30秒的视频同步到朋友圈。

微视的用户主要有5个特征。

第一，微视的主要用户集中在华东沿海地区，中部与西部地区的用户相对较少。

第二，从性别上看，微视的男性用户略多，占比53.12%，女性用户占比46.88%。

第三，从年龄上看，微视的用户中占比最高的年龄阶段是25~35岁，约占40%，接下来依次是年龄在19~25岁和46~55岁的用户，19岁以下的用户占比较少。

第四，微视用户的应用偏好最多的是生活、社交、影音、网购、通信、资讯、教育、阅读工作、商旅出行、金融理财方面。

第五，微视用户群体多是大学生群体、职场新人、小白领和内容创业者等，目的在于打发休闲时间、缓解压力和从中获利。

综上，建议实用类、以学生和职场新人及白领为主要目标用户的短视频适合首选投放在腾讯微视平台。

短视频运营者在投放短视频时，应尽量从以上四大平台中选择一个作为首发平台，以尽可能多地吸引流量。

2. 投放时间

短视频投放时间非常重要。在合适的时间投放短视频，可以让短视频获得更高的曝光量和点击率。关于短视频投放时间，需要注意以下三点。

一是选择在流量大的时间点发布短视频。根据相关数据显示，一天大约有4个阅读高峰期，分别是早上8—9点、中午12—下午2点、下午5—7点、晚上9—11点。尤其是在中午和下午下班后的高峰期，以及晚上发布短视频最佳。所以，短视频运营者可抓住以上4个关键时间点投放自己的短视频，获得更多的曝光机会。

二是根据自己的短视频内容选择相应的时间点。短视频运营者除了要考虑在流量大的时间点发布短视频，还要结合自己的账号定位和短视频内容确定投放时间。例如，美食领域的短视频运营者，适合在上午11点左右发布短视频，这样大家在中午12点左右的吃饭时间，打开手机就可以看到你的短视频。

三是将短视频投放时间稳定下来。尤其对于已经运营一段时间的短视频运营者来说，将每期短视频投放时间稳定下来是一件非常重要的事情。一旦短视频投放时间稳定下来，会让用户和粉丝养成一种观看习惯，到点后他们就会定时来观看，久而久之就成了忠实粉丝。甚至某天短视频运营者没有更新短视频，很多粉丝会主动追更，询问你为什么没有更新或者什么时候会更新等，此时粉丝黏性就建立起来了。或者短视频运营者也可以在个性签名上写"每周三中午12点更新，欢迎收看"，明确地将短视频投放时间稳定下来。

3. 投放技巧

从表面上看，短视频投放只是一个发布短视频的动作，但里面有着诸多的技巧。这里，我们介绍4个投放技巧。

一是选择合适的主投放平台。短视频平台众多，短视频运营者要想精准发力，建议运营者选择一个主战场。判断哪个短视频平台为主战场时，有一个重要的判断依据就是看该平台的用户特征和自己的目标用户的重叠度。如果自己的目标用户与该平台的用户特征的重叠度比较高，那么选择该平台投放短视频就更易受到用户的喜爱，获得更多的流量。

除了通过用户选择平台外，短视频运营者还可以根据自己的短视频风格、时长、变现方式选择一个最适合自己的主战场。例如，短视频时长在几十秒钟、内容比较搞笑，则适合投放抖音短视频平台。

二是做好关键词布局，选择合适的话题。这样做既方便用户搜索，又能获得更多的曝光机会。例如，美妆领域的短视频投放时可选择的关键词有"美妆""美妆达人""美妆技巧"等，并参与相关的美妆话题，以获得更多的流量。

三是填写短视频介绍。短视频介绍有三个方向，分别是引导、预告和互动。其中引导是通过一些能够吸引用户好奇心的方法引导用户关注，例如，"这期短视频可以解决你在人际上的三个困扰……"等。预告是指提前将短视频内容告诉用户，吸引用户的兴趣。互动是根据短视频内容给用户提出一个问题，例如，某期短视频的主题是"人际关系"，短视频运营者在投放时可设置一个话题如"曾经你被哪句话伤害过"等。

四是善用评论区。短视频运营者在短视频投放后，要积极与用户互动，回复用户的评论，增强用户黏性。

总之，对于短视频运营者来说，即便是一个短视频投放动作，也不能随意对待，而是要多认真研究投放方法和技巧，最大限度地让短视频被更多的人点击。

▶ 第**3**节
公域流量推广与引流

公域流量，也叫平台流量，它不属于单一个休，而是被集体所共有的流量，是商家通过淘宝、京东、拼多多、携程、大众点评、美团、饿了么这些平台进行销售所获取的流量，其特征及代表如图4-1所示。这一类平台的特点是，流量是属于各个平台的，商家入驻后通过搜索

图4-1 公域流量的特征及代表

优化、参加活动、花费推广费以及使用促销活动等方式来获得客户和成交。典型的代表有：抖音视频的曝光量、通过淘宝搜索界面进入到商品页的浏览量。进一步说，公域流量的特点有三个。

一是相对容易获取。短视频运营者即使一个粉丝都没有，所制作发布的内容也有可能被分发给百万级别、千万级别的用户看到。

二是黏性差。短视频运营者很难二次、三次触达这些流量。

三是稳定性差。以抖音短视频的曝光量为例，可能短视频运

营者昨天发布的短视频被10万人观看，但是今天发布的短视频可能只有1000人观看，甚至更少的浏览量。

从本质上说，公域流量属于平台。当平台判定你的内容没有太多受众时，你就会获得极少的公域流量。公域流量的分发权利在平台手上。

从平台的角度讲，手上的公域流量是有限的，所以平台考虑的问题是如何精准地分配公域流量才能让看到内容的用户都满意。出于这样的考虑，短视频平台催生了推荐引擎，即所谓的"千人千面"。系统会根据用户标签和互动行为等因素，来判断该给每个用户分配哪个内容。

对于短视频运营者来说，要想获得更多的公域流量，常规的策略有以下两点。

一是生产制作能够被该平台上足够多的用户接受的内容。 如果短视频运营者能制作出用户喜闻乐见、迎合大众喜好的短视频内容，那么被平台推荐的机会也会更大。

二是让系统更准确地判断自己生产的内容，从而推荐给精准的受众。 具体来说，如果短视频运营者能够在所入驻的领域持续创作优质的垂直细分化内容，也容易被平台推荐给更多的精准用户。

除此之外，短视频运营者还可以借助工具获得各大平台的公域流量，如Link计划、流量池、"Dou+"投放等。

1. Link 计划

Link计划是抖音内容流量曝光产品,将营销诉求与原生视频信息流结合触达目标人群,旨在帮助用户进行内容变现的组件。短视频运营者可以自助选择视频授权给抖音,抖音为视频添加适合展示的组件,获得视频授权的收益。简单地说,Link计划就是平台作为中间商,连接品牌与品牌调性符合的短视频运营者,让他们实现合作。

Link常常变现为三种样式,分别是**文字链样式、弱冠名样式和强冠名样式**。但是,Link计划对于普通的短视频运营者来说,比较难以获取。一般知名度高的、短视频播放量大且与品牌调性相符的短视频运营者能够匹配到品牌。

另外,要想加入抖音Link计划有一定的门槛,一般只能通过抖音主动邀请后才可以加入。不过短视频运营者可以参与"抖音小助手"每次推送的商家抖音挑战赛,当你参与的视频上热门时,抖音可能会主动邀请你加入此活动的Link组件。

2. 流量池

流量池是"营销学"网络成交率倍增体系提出的一个新概念。流量池就是流量蓄积的容器,主要是为了防止有效流量流走而设置的数据库。流量池,顾名思义就是流量很大的网站或是App为另一个网站或App导流,这就是流量池。

每个平台都有流量池。对于短视频运营者来说，抓住流量池非常重要。短视频流量池的大小受两个因素影响。**一是发布的作品受欢迎的程度，二是账号权重大小。**这两个指标，直接决定了平台给你作品推荐播放量的多少。

在流量池这一点上，很多大的短视频平台推荐机制基本差别不大，都是基于不同的内容、用户刻画，进行兴趣匹配和分批次推荐，然后基于用户反馈进行叠加推荐，这一点是去中心化的。这也是即使是没什么粉丝量的素人、小透明（存在感低的人）发的视频也能爆火的原因。

评判作品的受欢迎程度主要看短视频的点击率（播放量/推荐量）、点赞率、评论率、完播率、转发率、关注率等。在上一节，我们也说到与账号权重有关的影响因素有原创、质量评级、账号身份等，高权重账号会得到推荐分加权，因而获得更高的推荐量，进入更大的流量池。

3. "Dou+" 投放

"Dou+"是抖音的视频"加热"工具，购买并使用后，可以将视频推荐给更多兴趣用户，提升视频的播放量与互动量，以及提升视频电商的点击率。但是"Dou+"投放功能并不是免费的，与其他平台的视频推广是一样的，就是自费推广视频。简单地说，"Dou+"就是一个付费提升展现量的工具，花钱买流量。

"Dou+"的操作手法是短视频打开手机中的抖音后，找到想要推广的抖音视频，在视频的播放界面中点击右边的"分享"按钮。点击后会打开转发界面，在第二行的最右边找到"Dou+"功能并点击该选项。接下来会进入生成订单界面，在这里默认的是系统自动投放，目前来说100元可以获得5000左右的播放量提升，如图4-2所示。

图 4-2 "Dou+"购买工具截图

一般来说，"Dou+"工具没有门槛限制，你可以给自己的短视频投"Dou+"，也可以给别人的短视频投，只要有钱，人人都可以参与。"Dou+"工具适合有产品或服务想要推广的短视频运营者。例如，短视频运营者拍摄了自家果园苹果成熟的短视频，想要通过短视频的方式将自家的苹果推广出去，此时就可以使用"Dou+"工具，进而获得更多的推广与引流，让更多的用户看到自己的短视频，进而促进销售。

总之，要想获得更多的公域流量，对于平台中的绝大多数短视频运营者来说，他们只能以付费或活动等方式，在满足平台规则的原则下获取流量，但留存率一般比较差。也因为流量是由平台分发，短视频运营者只能跟随平台的发展规律顺势而为，且流量始终属于平台，短视频运营者稍有过分的营销嫌疑就会被封号。

所以，短视频运营者要想获得公域流量的推广与引流，需要支付高昂的费用。因此，对于大部分的短视频运营者而言，要想获得平台的公域流量，最实际的方式就是通过创作优质、垂直的内容获取更多的推广与引流。

▶ 第 4 节
商域流量推广与引流

商域流量是平台从公域流量划出来，以付费为主要分配标准的流量。本质上，商域流量还是公域流量，只是分配流量的标准变成了以付费为主。例如，微博开屏广告、抖音信息流广告等。谁出价高，就能有更多的机会获取到更多、更好的流量。

商域流量的特点主要有两个。

一是稳定性强。对同一个广告需求方来说，同等质量的流量在同一时期，可以以相对稳定的价格稳定获取。

二是黏性差。以抖音信息流广告来说，从用户刷到的第四条视频开始，每隔12条视频就会有概率展现一次广告。一般只要出价高，就能买到更靠前/更好的展示位置，让目标用户优先看到。

一般来说，获得商域流量推广与引流，有三个常见的工具，即开屏广告、信息流广告、KOC（关键意见消费者）推荐等。

1. 开屏广告

开屏广告是在App启动时出现的广告，一般展示固定时间（5秒），展示完毕后自动关闭并进入App主页面，计费方式大都按CPC（点击成本，即每产生一次点击所花费的成本）计费。开屏广告是在App启动时展示的、展示时间短暂的全屏化广告形式，用户一般可以手动跳过，如图4-3所示。

开屏广告主要有以下5个优势。

一是位置的优越性。用户在打开一个App时，首先映入眼帘的就是开屏广告，它是进入载体App的首要入口。

图4-3 开屏广告示例

二是整屏显示。开屏广告一般会占据整个手机页面，因此更能吸引用户眼球，增强用户点击率与品牌的曝光度。

三是针对性强。因为每个App的使用人群具有一定的分类属性，广告主会根据用户数据和标签进行精准投放，具有一定的强针对性。

四是强制性曝光。只要使用App的人群都可实现强制性的曝光。

五是流量巨大。因为开屏广告是用户打开App时第一眼所见的，且如今互联网时代App每日使用量大，每天都有不计其数的用户打开今日头条、抖音、小红书、哔哩哔哩等App，都会看到开屏广告。

开屏广告的用户覆盖面庞大、流量大、注意力集中，所以成为很多广告主的流量必争之地，用来进行品牌宣传和产品推广。

对于一般的短视频运营者来说，因缺乏强大的经济实力，他们自然难以通过开屏广告的方式获得巨大的流量。但是，对于一些有实力、有产品的短视频运营者来说，比如华为、小米等企业，他们就可以通过开屏广告宣传企业的新品、活动和推广品牌，从而获取足够的曝光量。

2. 信息流广告

信息流广告是位于社交媒体用户的好友动态或者资讯媒体和视听媒体内容流中的广告。信息流广告的形式有图片、图文、视频等，特点是算法推荐、原生体验，可以通过标签进行定向投放，根据自己的需求选择推曝光、落地页或者应用下载等，最后的效果取决于"创意+定向+竞价"三个关键因素，如图4-4所示。

简单地说，信息流广告即嵌在信息与信息之间的广告，如果你不留意在它们周围出现的"推广""广告"字样，可能你都不会发现这是一条广告。

与传统的广告相比，信息流广告有三个优势。

一是流量巨大。各大平台（如抖音、微博、今日头条、知乎等）都有信息流广告，而每天都会有无数的用户打开这些App，看到无数的信息流广告，因此有着巨大的流量。

图4-4 信息流广告示例

二是用户体验较好。因为信息流广告是嵌在信息之间，并不在用户操作和阅读的时候强插广告，这也给了用户较好的体验。

三是算法当先，定向精准。例如，用户曾经在淘宝网站搜索过某产品或关注某些信息，当他再打开今日头条等其他App时，会看到相关信息，增强了其点击信息流广告的概率，甚至会自发形成二次传播，比如转发微博、朋友圈点赞等。

正是因为信息流广告的独特优势，也使得信息流广告成为媒体平台流量变现的主要模式，从传统巨头到新兴力量都加入了信息流广告阵营中。对于短视频运营者来说，要想通过信息流的方式获得推广与引流，就要做到以下两点。

一是增加广告创意。 漂亮的广告创意素材是提升点击率的关键。如果信息流的广告不具有吸引力，自然也难以吸引用户点击，即便再高的价格也很难获得较大的曝光量。要想获得高质量的广告创意，就需要短视频运营者能够根据广告产品的购买人群制作，从行业报告、用户调研、自身用户人群画像等方式都可以大概了解广告产品的购买人群属性。例如，短视频运营者所运营的短视频是租房内容，此时就要针对租房用户的需求，设计能够让有租房需求的人群点击的短视频广告内容。

二是做好画面视觉和内容编剧。 因为用户每天会接收到无数条广告，一般不符合自己审美的短视频，用户会直接跳过。如果广告画面能够带来良好的视觉体验，用户的目光也会在此停留。暖色系点击率较高，其次为冷色系；在素材背景上金色系点击率最高，其次为红色、棕色。因此，推荐暖色系、金色系画面。

在内容编剧上，即便是广告，短视频运营者也要策划出彩的内容。一般来说，出彩的内容包括能引起用户的好奇心、给用户带来利益的内容。

除此之外，为了让用户能够点击信息流广告，短视频运营者还要在视频一开始就使用比较有冲击力的画面或文字内容，迅速抓住用户的眼球，通过设置悬念、引人思考、给予用户利益等方式吸引用户的注意力。其次，短视频信息流广告最好在30秒左右，在30秒的时间内将具有吸引力、冲击力的或对用户有价值的内容展现出来即可。

3. KOC 推荐

KOC，英文全称为Key Opinion Consumer，即关键意见消费者。从商家角度来看，相比于KOL（关键意见领袖），关键意见消费者的粉丝更少，影响力更小。虽然价钱便宜，但是带货能力以及种草能力远不及关键意见领袖。不过，关键意见消费者依旧能发挥出独特的价值。具体来说，关键意见消费者主要有三个优势。

一是关键意见消费者够接地气，真实。因为关键意见消费者本身就是消费者或者产品的使用者，与其他消费者之间零距离，来自真实消费者的体验感是大于隔着屏幕的专业推荐，关键意见消费者的推荐更能够让其他用户产生共鸣感。

二是关键意见消费者"物美价廉"。虽然与关键意见消费者相比，关键意见消费者的朋友圈或者粉丝基数很少，可能只有几万人甚至几百人，但凭借着"走心"的分享和真实体验，可以快速地与其他消费者（包括身边的朋友、粉丝）建立信任，发挥出更强大的效果。

三是关键意见消费者容易培养。不是所有人都能成为关键意见领袖，但人人都可以成为关键意见消费者。相比于关键意见领袖，关键意见消费者的门槛并不高。每个人都可以在各大平台分享自己的想法，只要稳定产出内容，即便粉丝量不多，时间长了也可以成为一个产出内容稳定的关键意见消费者。

总之，商域流量是付费流量，短视频运营要想获得商域流量的推广与引流，同样需要支付费用。所以，商域流量适合急需推广和变现的短视频运营者，对于一般的短视频运营者来说，商域流量的价值相对来说还是比较高昂。

▶ 第 5 节
私域流量推广与引流

私域流量是可以被自己自由反复利用，并且能够稳定触达的流量。相比较于公域流量和商域流量，私域流量指的是我们不用付费，可以在任意时间、任意频次直接触达用户的渠道。例如，微信朋友圈、微信公众号粉丝、社群、私信、微博粉丝、抖音粉丝等。公域流量和私域流量的不同如图4-5所示。

图4-5　公域流量和私域流量

　　例如，某人在某地开了个店铺，店铺周边有近3万人，那么这3万人就是公域流量。如果这3万人中有3000人到店消费，在这3000人又有800人加了商家的微信，那么这800人就是商家的私域流量，商家可以反复通过微信与用户沟通，发布店铺新品和营销活动等。

　　私域流量本质是做好用户的精细化运营，要求把内容、服务、用户关系做得更好、更精细。私域流量做得好的话，可以降低营销成本、解决用户留存、提升用户终生价值。

　　私域流量有两个特点。

　　一是获取难度较大。私域流量的大小取决于公域流量的来源。通常情况下，公域流量越大，私域流量相对而言也较多。例如，短视频运营者在抖音、今日头条、微博、哔哩哔哩等平台的粉丝累计，其中只有部分可转化为私域流量。再例如，"阿斗回来了"在哔哩哔哩发布电影解说短视频，在每期的短视频中，他都会在视频中插入自己的公众号引流，打造自己的私域流量池。

二是黏性高。与公域流量和商域流量相比，私域流量的黏性比较高。一般用户进入私域流量后，比如成为某公众号的粉丝、某品牌的会员，一般不会轻易离开。对于运营者而言，就可以将相关的信息自由、反复、稳定地传递给对方。

虽然私域流量有着很多好处，但是它也有一定的局限性。例如，用户关注了你的微博、微信公众号等，虽然他可以关注你，但是你无法随时随地和他们互动交流，甚至你发的内容，他们也不一定都会看到。所以，私域流量有时候更像是一个社区，也不能全然地发挥出运营的价值。

对于大部分的短视频运营者来说，要想做好私域流量的推广与引流，可以借助认证、MCN（多频道网络）、直播公会、POI（兴趣点）、优惠或促销活动、视频置顶、私信、搜索置顶八大工具，如图4-6所示。

图4-6 私域流量推广与引流的八大工具

1. 认证

认证是指完善短视频平台要求的一些用户认证，是对个人、机构和企业账号信息真实性的确认，包括个人认证、机构和企业认证，比如抖音平台的蓝V认证就属于企业认证。

　　首先，认证通过后可以增加账号权重，同时也可以提高账号在用户心中的信任度和权威度，带来一定的引流效果。例如，某短视频账号在哔哩哔哩上的认证是"2018百大UP主""知名影视UP主"，用户看到这个认证标签后，会觉得这位短视频运营者具有实力，受到平台的认可和关注。

　　其次，认证通过后还可以获得一些特权功能。例如，抖音蓝V认证成功后可以获得昵称唯一性和搜索前置、商品展示栏、电话组建和官网链接、专属兴趣点地址定位、适当发布营销信息、优质视频置顶、优惠券设置、后台客户数据分析、连锁店矩阵等特权功能。这些功能无疑会极大地助力账号引流。

　　所以，打造私域流量池的第一步就是做好相关的认证。

2. 多频道网络

　　MCN（Multi-Channel Network，多频道网络）是一种多频道网络的产品形态，是一种新的网红经济运作模式。这种模式将不同类型和内容的PGC（专业生产内容）联合起来，在资本的有力支持下，保障内容的持续输出，最终实现商业的稳定变现。

　　在短视频行业发展过程中，多频道网络是一个重要的角色。对于平台来说，通过多频道网络可以批量获得优质的内容和生产者。对于创作者来说，更能专注创作出优秀的、多样化的、垂直的内容。通过多频道网络支持会更容易获得商业变现和平台资源支持，也有利于平台、多频道网络机构、创作者三者的良性发展。

例如，papi酱在知识产权化形成之后，成立了papitube[①]，同时致力于扶持更多的有创意、有能力的短视频运营者，同时也为了能够增强品牌的抗风险能力和影响力，以及商业化的更大变现。

3. 直播公会

直播公会，是伴随直播行业兴起的新兴行业。直播公会与多频道网络相似，都是为更多的有才能的创作提供更多的发展空间和市场。直播公会都是与直播平台签约的传媒公司，主要任务是招募、培养新主播输送到直播平台上，例如，"摩登兄弟"等一众小视频红人横空出世，背后都是有直播公会的扶持。

直播公会若是运营得当，是一件互利的事情。

4. 兴趣点（POI）

POI是 point of interest的缩写，也就是"兴趣点"。例如，新用户在新入驻某个平台时，在第一次登录完善资料时，平台会有一个感兴趣的内容选择，系统会根据兴趣内容自动为你推送什

---

① papitube：是由短视频创作者papi酱与泰洋川禾创始人杨铭于2016年4月成立的短视频多频道网络机构。

么样的内容，而你输出的内容也需要围绕着兴趣内容输出。例如，某用户在注册小红书时，选择影视、艺术、读书等兴趣点。

在不同的平台，兴趣点所承担的功能也不尽相同。例如，抖音上有个"位置进行信息展示"，也能带来更多的私域流量的推广与引流。兴趣点功能可展示商家信息，包括门店的头图、名称、关键词、营业时间、人均消费、具体地址、导航、联系电话以及推荐等信息，当用户在抖音平台刷到该商家的短视频时，如果商家展示的信息符合自己的兴趣爱好，就会刺激用户消费。如果离店铺近，用户可能会立即去消费。

因此，短视频运营者在入驻平台时，一定选择好创作领域，并持续输出优质的垂直内容，完善信息，让广大用户能够精准地"找到"你，"看到"你。

5. 优惠或促销活动

某种程度上，每一次优惠或促销活动都是吸引私域流量的好机会。常见的是短视频运营者与商家合作，帮助商家推广品牌，带动产品的销量，或者在短视频中直接展示自己的产品，一般以优惠或促销活动的方式表现出来，例如，某博主发布的一条微博"【转发+评论+点赞】抽1111个人！每人1111现金红包！！"，成功获得21.5万转发，15.8万的评论，如图4-7所示；再例如在某个微信群里，商家发布的消息是"如果邀请5名朋友入群，明

天可到店免费领取某礼品一份"
等，都能成功引流。

一般，用户会受到优惠或
促销等活动的驱使，选择转发、
关注、邀请好友等方式，无形
之间也为商家和短视频运营者
带来了巨大的流量。

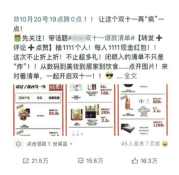

图 4-7　优惠活动带来的影响力示例

6. 视频置顶

视频置顶的作用是增加视频
的曝光率，利用高质量短视频
吸引用户关注账号，转化为私域
流量。

一旦用户点开你的账号页面，
置顶后的短视频会被优先看到。例
如，某用户无意间刷到某条短视频
后，当他观看完毕后可能会点进
发布者的首页，看到被置顶的几
条短视频后，认为该发布者的短
视频内容比较有价值，于是成为
该发布者的粉丝，如图4-8所示。

图 4-8　置顶短视频示例

一般来说，被置顶的短视频播放量、点赞量、评论量都是最高的，或者短视频运营者将比较有代表性的短视频置顶。当用户点开置顶的短视频后，若是被你的短视频吸引，他就会继续观看你的其他视频，无形之间也为其他的短视频带来了更多的流量。

7. 私信

私信功能也是私域流量引流的好机会。短视频运营者可以通过用户的评论，通过私信的形式引导用户关注账号。例如，某用户在网上搜索病理知识，点击某个医院的页面后，会收到该医院网站运营者的信息，在简单沟通后，该医院网站运营者会以给出进一步的指导意见为由主动添加该用户的微信号。一般来说，大部分的用户都不会拒绝。

一旦添加完毕，医院网站运营者会定期给用户发布相关的健康知识，与用户进行互动，进而吸引用户前来就诊。

需要注意的是，私信群发容易让用户觉得是广告信息，进而产生抵触心理。所以，私信时要先让用户感知到利益，比如关注后可以获得更多优惠、关注后赠送某工具包等。

8. 搜索置顶

通常用户在搜索栏输入一些字进行查询，点击搜索后，会

看到有关信息，在页面第一行就是搜索置顶。例如，在抖音平台的搜索栏上输入"美食"，可以看到排在最上面的是一个有关美食的短视频，如图4-9所示。

一般来说，搜索置顶能获得更多的曝光量和流量。尤其是用户从热搜栏点开，位居顶端的搜索不仅能够抢夺用户的目光，还更容易被用户优先点击。

对于短视频运营者来说，就要多多参与话题，尤其是热搜榜上热度不断上升的话题，若是参与其中

图4-9　搜索置顶示例

并发布高质量的内容，不仅能获得更多的热度，还能收获更多的粉丝。

需要注意的是，当用户被拉进了私域流量池，并不意味着工作就结束了，相反这是一个新的开始。如果短视频运营者运营不善，不能设身处地站在用户的角度来思考，或者给了用户不好的体验，最终也会流失掉这部分流量。

第 5 章
如何打造爆款短视频

从某种程度上说，一个爆款短视频可以直接带火一个账号，获得诸多利益。所以，如何打造爆款短视频也成为众多短视频运营者抓耳挠腮的事情。

第 **1** 节
短视频内容建设技术点

每一个短视频运营者都希望自己发布的每一条短视频都能成为爆款短视频。一旦某个短视频成为爆款，会直接引爆用户的关注。随之而来的是上涨的关注人数、倍增的播放量、点赞量和转发量等，甚至直接成为一个现象级的账号。当然，打造爆款短视频也并非易事，需要短视频运营者做好内容建设。

短视频内容建设是一个比较大的课题，宏观上包括对市场环境的监测和用户喜好的分析，微观上包括要做内容管理和细化，并通过输出不同的内容检测用户的反馈，再根据用户的反馈做出调整。

本节从三个部分，即市场多尝试、内容多维度细化和挖掘用户关注点，提炼可控制因素的角度来介绍如何做短视频内容建设技术点，如图5-1所示。

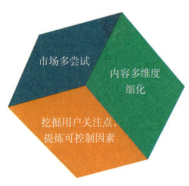

图 5-1　短视频内容建设技术点

170

1. 市场多尝试

不少短视频运营者在做短视频时，常常一意孤行，关起门来运作自己的账号。运营一段时间后，发现自己的账号并没有任何起色。面对这样的情况，短视频运营者仍然按照以前的运作模式继续埋头苦干，但结果仍不尽如人意。

其实，运营短视频绝对不能闭门造车，一定要多进行市场尝试。即便是做得好的账号，也很少见到发布一个短视频就能成为爆款内容，而是在某些机缘巧合下，某一个短视频成了爆款。但是只要一个短视频成为爆款后，就会带来可喜的变化，关注人数、点赞量、评论量和转发量都会变得非常可观。对于该短视频运营者来说，可以通过爆款短视频摸清用户的爱好，后续也可以制作更多带有爆款潜力的短视频内容。

例如，某短视频账号运营了半年左右的时间，内容多是记录生活和工作的点滴，某次上传了家里的女儿模仿妈妈生气的表情而爆红网络，获得众多用户的点赞和关注。在接下来的时间里，该短视频账号的运营者就开始专注分享有关家人与女儿互动的短视频。

所以，短视频运营者要进行市场尝试，尤其在自己一直输出同种内容但用户反馈非常惨淡的情况下，市场多尝试可能会打开不一样的新天地。具体来说，市场多尝试需要做到以下两点。

一是学会从不同的角度做选题，并用不同的形式表现出来。

例如，某个入驻美食领域的短视频创作者一开始制作的美食内容是教授大家如何制作美食，但受众多因素的影响（如表达沉闷），播放量较低，粉丝增长也非常慢。在运营了半年左右的时间后，该短视频创作者变换了一种形式做美食内容，通过展现自己在农村的生活日常和制作美食的过程，没想到在短短一年的时间里就成功吸引了百万粉丝。

二是多发不同的短视频，观察并记录用户的喜好，找到爆款基因。短视频运营者也可以多发布不同内容的短视频，通过用户的反馈（播放量、点赞量和评论量等）判断用户喜欢哪些内容。例如，某短视频运营者入驻生活领域，发布的短视频播放量都不是很高，多在3万~5万。但是某天，该短视频运营者发布了一条关于"从北漂搬进理想的一居室"的短视频，其播放量高达30万，这说明用户喜欢这一类真实、贴近生活实际的短视频内容。通过发布不同的短视频，探测到用户的喜好，并投其所好，才能改善当前的运营困境。

2. 内容多维度细化

在做短视频内容建设技术点时，短视频运营者要进行内容多维度细化，这样不仅可以保证有源源不断的内容输出，提升用户和粉丝的黏性，而且更容易出精品内容和爆款视频，吸引到更多精准的粉丝用户。一般来说，内容多维度细化需要考虑以下8个维度，如图5-2所示。

图 5-2　内容多维度细化

　　第一，共振。选题的内容是否在用户和粉丝的需求和痛点上存在着共振率，换句话说，如果短视频运营者策划的短视频内容不是目标用户眼中的大众话题，就会降低目标用户点开的概率。因为只有用户和粉丝的共振关注点，才能引发更多播放量。

　　第二，难易。短视频运营者要考虑策划的选题内容的制作难易程度，自己或团队的创作能力是否能够支撑起选题背后的内容生产和内容运营。选题、内容、形式都是需要考虑的因素，尤其是用户和粉丝对内容的质量要求越来越高，如果选题、内容和形式做得过于简单，就很难引起用户的关注和互动。

　　第三，差异。短视频发展趋于饱和，无论是哪种类别的内容或是哪种话题，在短视频领域都有着相关的同类账号，甚至在一些垂直细分领域上都已经出现了做得非常完善的账号。因此，短视频运营者在做内容时要注意如何和同类的竞品账号形成差异化，增强用户和粉丝的识别能力。

　　第四，视角。从不同视角做出来的内容给用户和粉丝带来的感受是不同的。短视频运营者是站在用户和粉丝的视角，还是站在自己的视角上，抑或是站在第三视角上，都会带来不一样的感受。在不同的选题和内容上也要根据实际情况变换视角。例如，短视频运营者要教大家做早餐，此时就适合从用户视角出发，这样更容易用户记忆、学习、操作。

第五，**行动成本**。主要指的是用户和粉丝在接收到短视频内容之后的动作，内容上是否能够让用户和粉丝一看就懂，一学就会。只有真正满足用户和粉丝的需求和痛点，才能触发用户和粉丝的更多动作，如评论、转发等。

第六，**探索创新**。探索创新表现为创作出的内容可能不是当前主流的表达，但是从技术上、趋势上、内容价值上进行了一些新的尝试。

第七，**结合当下**。短视频运营者能够结合当下讨论的热点去创造内容，让用户了解到更多的有关热点的信息。

第八，**立意深刻**。指短视频能够减少泛娱乐化性质的内容，传播一些有价值的思想，比如独立、自尊等，进而传递出正面的价值。

3. 挖掘用户关注点，提炼可控制因素

对于短视频运营者来说，挖掘用户关注点，提炼可控制因素，也是做内容建设的重要工作。例如，通过"丁香医生"账

号的点赞TOP30，你会发现女性、日常养生、形体的话题更受欢迎。在此基础上，可提炼出可控制因素：养生、减肥、女性健康等，多制作与此相关的内容。

短视频运营者可以策划不同内容的短视频，使用不同的表现方式和运营方法，测试用户的反馈，再记录对应的数据，挖掘用户关注的内容点。

例如，某电影解说领域的短视频账号，可以发布科幻片、心理学美剧、高分悬疑片、恐怖片、日本悬疑恐怖电视剧、动作战争片等内容，根据用户的点赞量、收藏量、转发量、转发量看，排名最高的是恐怖片和悬疑片，排名最低是科幻片，从中可以看出用户的关注点在悬疑恐怖上，进而提炼可控制因素：恐怖、悬疑。在接下来的内容创作中，短视频运营者可多做悬疑恐怖内容的电影解说，少做科幻类型的影片解说。

再例如，分析某家居的短视频内容，发现有关厨房和卫生间的播放量最大，用户最感兴趣的产品是变形家居，用户最感兴趣的话题是通过空间改造提高居住舒适度。短视频运营者可进一步提炼出用户关注的关键词：厨房、卫生间、改造等。

因此，短视频运营者要想挖掘用户关注点，就要多关注和分析数据，包括点赞量、转发量、评论量等，并在此基础上提炼可控制因素。

总之，在短视频内容建设技术点这一环节，短视频运营者要想打造出爆款短视频，重要的是多进行市场尝试，并关注内容多维度细化，当然还要挖掘用户关注点，提炼出可控制因素，继续输出用户喜欢观看的短视频内容。

第2节
打造爆款短视频的五个要素

某种程度上说，一条爆款短视频，胜过百条普通短视频。但是，要想制作一个爆款短视频并不容易，需要一个重要的时间点和机遇。时间点和机遇是不可控制的，但是爆款短视频的运营却有规律可循。

一般来说，打造爆款短视频有五个要素，包括足够优质的内容策划、制作精良、传递情感价值、多维胜出和优秀的表达节奏，如图5-3所示。

图5-3 打造爆款短视频的五个要素

1. 优质的内容策划

打造爆款短视频最核心的要素是内容策划，优质内容永远是留住用户的制胜法宝。一般来说，爆款短视频的内容策划一般需要满足以下4点。

一是受众面广。受众面广是指选题尽可能辐射更多人群，不能特别冷门小众。如果短视频运营者策划的内容覆盖面太小，会降低成为热门的概率。

二是学会借势。短视频运营者不要忽视热点的力量，热点除了传统节日、社会热点（高考、暑假）、热门影视综艺等外，也可以关注各大短视频平台上的热门BGM（背景音乐）、话题和活动，通过这些内容为自己的账号带来流量。

三是价值。短视频运营者在做内容策划时，要记得问自己一个问题：如果我是目标用户，我会不会想看这条短视频？如果自己都不想看或者不确定自己是否想看时，就要放弃这个内容策划。

四是情绪。即这个短视频能够引发用户什么样的情绪，是感动、怀旧、情怀、温暖治愈等。一般来说，能够让用户情绪有明显波动的短视频往往容易获得用户的评论和转发，而评论和转发也是各大短视频平台推荐算法中的两个核心数据指标，所占权重更甚于点赞。一旦用户都在评论和转发，那么离爆款短视频就不远了。

2. 制作精良

　　制作精良也是打造爆款短视频的一个必备要素。从某种程度上说，火爆的短视频很少是制作粗糙的，大部分呈现的内容都非常有诚意，哪怕仅仅有一个镜头也要追求美观、到位。短视频制作精良具体表现在以下几点。

　　一是清晰的画质。短视频画质清晰与否决定的是用户观看短视频的体验感。很多短视频播放量低，也难以传播开来，其实与短视频本身的画质有很大关系。如果短视频拍摄不清晰、不专业，即使内容很好，也同样很容易被用户划走。

　　反观那些受欢迎的爆款短视频，它们的画质甚至像电影大片一样，有着非常高的画质清晰度。现在有很多短视频拍摄和制作软件的功能相当齐全，滤镜、分屏、拼接、大片特效等视频剪辑的需求都能满足，短视频运营者只要善加利用这些软件的功能便可以制作出画质清晰的短视频。

　　二是优质的标题。现代广告大师大卫·奥格威（David Ogilvy）在他的著作《一个广告人的自白》中说过，用户是否会打开你的文案，80%取决于你的标题。这一定律在短视频中也同样适用，标题是决定短视频点击率的关键因素。另外，平台对短视频内容主要是通过算法推荐分发，机器会从标题分类中的关键词进行推荐，随后短视频的播放量、评论、用户停留时长等综合因素则决定了平台是否会继续推荐该条视频。

所以，短视频运营者在制作短视频时，要思考自己的短视频为用户解决的是什么问题，或者能给用户提供什么样的价值，并把这些内容通过标题展现出来。优质的标题不仅能够提高短视频的点击率，还能吸引精准用户关注账号。

三是点明主题的短视频封面。因为用户每天都会接收到不计其数的短视频，如果短视频封面不够吸引人，或者不能让用户直接从封面"看到"短视频内容，用户很可能也会下意识地划走，所以有一个点明主题的短视频封面也十分重要。

3. 传递情感价值

情感价值是打造爆款短视频的一个很重要的要素。人是有情感的，喜欢观看有趣、温暖、正能量、戳中内心泪点或痛点的短视频内容。爆款短视频的核心是带动用户的情绪，让用户互动分享。

一般来说，用户在一个短视频上停留主要有两个原因：**一是他能从中获取有用的内容；二是他能从视频中获得情感价值和精神上的共鸣。**所以，短视频要能给用户提供价值或者趣味，而不是让用户看完觉得枯燥无味，不知所云。

例如，papi酱常常以大众亲身的生活体验和经历为素材来制作短视频，很多人都能从她的短视频中获取共鸣。这些真实的人物、故事和情感既贴近真实生活，又能引起共鸣。所

以，papi酱发布的每一条短视频几乎都能引起用户的广泛讨论。

4. 多维胜出

打造爆款短视频的第4个因素——多维胜出，它决定了短视频的综合价值。**多维胜出是指短视频不是在某一项上做得出色（例如选题出色或剪辑出色），其余几项都做得比较差，而是综合评分比较高，即选题、编剧、表演、剪辑和后期的综合得分比较高。**换言之，没有最好的那一项，也没有最低的那一项，总体发挥比较稳定。

随着短视频发展日趋成熟，很多爆款短视频制作已经不是草根级别了，常常有一个成熟的团队在支撑。强大的短视频团队都会在编剧、表演、拍摄、剪辑和后期加工等多方面精雕细琢，从每一个角度思考如何让短视频更好看、更有创意，从而打造出更优质的短视频。

我们还以papi酱为例，如今papi酱输出的短视频早已告别了当初孤身战斗的模式，而是与她的团队成员一起制作完成。有人专门负责拍摄，有人专门负责剪辑和后期，团队分工合作模式既能保证优质短视频的输出，也提升了短视频的综合价值。

尤其随着短视频领域的竞争愈发激烈，专业化、多维胜出才是短视频最终胜出的关键。

5. 优秀的表达节奏

完整观看一条爆款短视频后，用户会有一种非常尽兴的感觉。除了画面带来的冲击力外，优秀的表达节奏也功不可没。表达节奏分为三种，分别是音乐节奏、说话节奏和叙事节奏。

音乐节奏。短视频的魅力，除了画面感以外，视频所选择的"音乐"在很大程度上会有锦上添花的作用。配乐作为声音元素的重要组成部分，不仅能够更好地传递镜头意境，还能调动用户的情绪。

说话节奏。在一个5分钟左右的短视频中想要向用户介绍全部内容是有一定难度的，所以需要短视频运营者控制好说话节奏。具体来说，短视频运营者可通过变声器和加速器等方式增强自己的说话节奏。例如，在papi酱的短视频中，papi酱的说话节奏就很强，后期通过加速、变速等炫酷技术，增强了话语的表现力。

叙事节奏。如果在几分钟甚至几十秒的时间内，就将事情的前因后果清楚地展现在用户面前，这就需要短视频运营者具有较强的叙事节奏。较强的叙事节奏不仅可以让用户了解事情的始末，还能让用户在观看短视频的过程中有一种尽兴和畅快感。例如，在电影解说领域，常常在7分钟左右的时间里就能将一部时长为90多分钟的电影讲述得十分清楚，引人入胜。

当然，叙事节奏涉及的内容比较庞杂，难以简单地描述清楚。对短视频运营者来说，要想拥有较强的叙事节奏，就是要学会把最精练、最有效的信息传递出去，并以一种用户习惯的方式表达出来。

总之，短视频运营者要想打造出爆款短视频，就要让自己的短视频制作往以上5个要素上靠拢，制作出让用户很难拒绝的短视频。

▶ 第3节
短视频易爆话题

从短视频易爆话题入手，可以有效提高短视频成为爆款的概率。

短视频平台上每天会产生无数个短视频，其中只有个别短视频会成为爆款短视频。这些爆款短视频看似机缘巧合促成，其实背后有一定的章法可循。其中，最重要的一点就是话题的选择。

爆款短视频大多讨论的不是束之高阁的高端话题，而是与用户息息相关的话题，甚至是一些非常平凡的话题。正是这些与用户相关的话题，才更容易引起用户的广泛讨论。比如一些生活化的话题、与用户利益相关的话题、热点话题、参与性较强的话题等。这些话题都属于易爆话题。

1. 生活化话题

生活化的话题是指按照生活的实际样貌真实地反映生活，内容多是展示一些生活中的真实片段，深入大众的生活，了解大众需求、体谅大众疾苦，展现出人生悲欢离合的话题。因为接地气、让人感觉温暖，容易触动人们的心声，更容易成为热门话题。

例如，在梨视频短视频平台或微博上，很多热门的短视频内容多是记录生活中平凡的人、疲于为生活奔波的人们、生活中的温暖小事等。2020年9月29日，一则"绿灯为过马路老人多亮了97秒"的短视频占据微博热搜榜，引起人们广泛讨论，如图5-4所示。生活化话题虽然平凡普通，但正是因为这种平凡最能打动人，引人共鸣。

再例如，每年的高考季也是易爆话题之一，高考生努力学习、好心人帮助高考生、高考生父母的付出等话题既能展现出生活化的一面，又能牵动人们的神经。

图 5-4　生活化话题示例

2. 与用户利益相关的话题

一般来说，人们总是愿意关注与自己利益相关的话题。例如，房价上涨、薪资、养老问题、上学问题、孩子成长等，这些话题与用户的利益息息相关，所以一经发布，也容易成为易爆话题。

例如，短视频运营者某期的内容策划是"毕业季租房，你需要避免的十大雷区"，这一期短视频内容与许多用户的利益相关，尤其是与毕业季需要租房的大学生息息相关，很快就成为热门短视频。像这种与用户利益相关且对用户有帮助的内容既能获得短视频平台的扶持，又能吸引用户点开。

　　所以，对于短视频运营者来说，要想让自己的短视频成为爆款，在策划选题时，就要思考自己的短视频内容是否与用户利益相关，是否能给用户带来价值和帮助。如果选题既与用户利益相关，又能给用户带来一定的价值和帮助，就会大大提高短视频成为爆款的概率。

3. 参与性话题

　　参与性话题是指能够让用户参与进来，发表自己的想法和感受的话题。在短视频平台上，平台会发布一些与用户有关的话题或挑战赛，鼓励用户积极参与。例如，在母亲节来临之际，平台会设置让用户分享自己眼中的母亲形象的话题，这种参与性话题能有效地引起用户互动。

　　再例如，"成年人，有哪些突然心酸或崩溃的瞬间"的话题不但能快速引起绝大多数用户的共鸣，还能让用户参与讨论。因为从一个孩子长成大人，承担起需要肩负的责任后，几乎每个成年人都会有突然辛酸和崩溃的时候，所以这种选题既能戳中人们心中的软肋，也会让人们卸下内心的防备，来表达自己的辛酸或崩溃的瞬间。可以说，越是能够让用户感同身受的话题越是能够让用户参与进来，评论、转发等，继而能让更多的人看到这一话题。

4. 热点话题

热点话题指的是在一定时间、范围内，人们最为关心的问题。常见的热点话题分为周期性热点话题与突发性热点话题两种。

一是周期性热点话题。周期性热点话题一般在用户之间造成的影响持续性较长，短视频运营团队在进行制作的时候准备时间也比较充分。例如，2020年大火的网剧《三十而已》《隐秘的角落》《沉默的真相》就成了喜爱电视剧的用户群体津津乐道的热点话题，在电视剧播放期间，几乎在各大平台都能看到相关话题的讨论，剧中的相关情节和内容也会占据各大平台的热搜榜。

如果短视频运营者制作与这些热点电视剧相关的短视频，就会很容易成为爆款话题。例如，在电影、电视剧解说领域，知名的"小片片说大片"解说了《沉默的真相》，短视频播放量、评论量、收藏量、转发量和投币量都很高，甚至被哔哩哔哩平台第79期每周必看收录，如图5-5所示。

图 5-5 参与热点话题的短视频示例

当然，不同的短视频运营者借助电视剧或电影的热点话题时，侧重点是不同的。有的是在讲解剧情，有的是在评价演员演技，有的则侧重于情感。从同一个热点中寻找不同的切入点，也是一个短视频通过结合热点从而获得热度的最有效方法，还能做出新意。

二是突发性热点话题。突发性热点话题往往不具备预测性，一经爆出就引起广泛关注。对于短视频团队而言，由于作品的制作需要时间，很难在这种热点话题讨论度最高的时候推出短视频。而且突发性热点话题的变化性也很大，很有可能在讨论过一两天后突然又爆出新的证据翻转原来的事实。对于这种话题，短视频团队在选取的时候必须仔细分辨，避免短视频制作到一半后又不得不作废的情况产生。

需要强调的是，热点问题的借助也必须遵从一定的规则。**热点的选取必须与短视频未来发展的定位相关联，关联性强的短视频吸引来的用户才会为以后的发展提供帮助**。在信息爆炸的时代，每天都会产生新的热点，短视频运营者不能一味地追求热点，还要对热点做出取舍。

总之，要想打造爆款短视频，短视频运营者就要多在短视频易爆话题上花心思，具体表现为多关心生活化话题、与用户利益相关的话题、参与性话题和热点话题，制作出更易被用户点击和关注的热门视频。

第**4**节
快速提高短视频播放量的五大方法

"播放量"是短视频运营最核心的数据指标，无论是内容策划者、拍摄团队，还是运营的负责人，都应该特别关注"播放量"这一指标。同时，播放量也是评判一个短视频好坏的重要标准之一，因此，提高短视频播放量也是短视频运营者的运营目标之一。

虽然提高短视频播放量是一件让运营者梦寐以求却又无力的事情，但里面还是有一定的技巧和方法，如设置吸引人的标题、封面和内容，顺应当下的热点等。

1. 提高完播率

衡量一个短视频的质量和受欢迎程度，有一个非常重要的指标就是完播率。完播率指完整看完视频的概率，比如有100人看到了你的视频，但是从头到尾看完的只有60人，那么你这条视频的完播率是60%。完播率对短视频的播放量有直接关系。

例如，在抖音短视频平台，系统更愿意向用户推荐完播率高的短视频。所以，如果一个短视频完播率低，会被系统打上内容质量不高、用户不喜欢等标签，系统可能就不会再进行推荐。当系统不再推荐时，短视频的播放量自然难以上涨。相反，当你的短视频完播率比较高时，比如高达85%，此时你的短视频就会被推荐到更高的流量池，播放量就会慢慢地上升。

提高完播率有一个简单又实用的办法就是缩短短视频时长。某种程度上说，除非短视频内容非常优质，否则时长长的短视频很难让用户耐心看完。用户很容易在中途甚至开始几秒内就划掉，直接影响短视频的完播率，最终影响短视频的播放量。

所以，要想快速提高短视频的播放量，可以缩短短视频的时长。例如，一个15秒的短视频人们很快就看完了，但一个时长在5分钟左右的短视频则需要花费用户5分钟的时间。通常情况下，前者的完播率要大于后者。缩短短视频时长要在不影响短视频内容的前提下进行，删掉多余的、可要可不要的片段和话语，切不可为了缩短时长而影响内容的表达。

2. 注重标题、封面和内容

有关短视频的标题、封面和内容的重要性，我们在前面的相关章节也讲过很多。有一个好的标题、封面和内容也是快速提高短视频播放量的好方法。

（1）标题

一个好的标题可以给你的短视频带来巨大的流量。尤其在推荐算法机制中，用户每天都会收到数以万计的标签化推荐信息，想要短视频在信息洪流中脱颖而出获取播放量，标题显得尤为重要。

要想通过标题提升短视频的播放量，短视频运营者要做到以下两点。

一是在标题中设置悬念。让用户在好奇心的驱使下点开短视频，比如"秋季必吃美食！3种方法轻松吃，一招更比一招强！"

二是在标题中直接点明可以带给用户的好处和利益等。这样也能吸引用户点开，比如"这里有10个PPT制作技能，5分钟帮你get一个高端的PPT"。

（2）封面

短视频封面和标题的作用差不多，也是吸引用户点击的手段。一般来说，能提高短视频播放量的短视频封面有两个特点。

一是通过加字幕的方式，直接突出短视频内容。封面既对视频内容进行预告，又要保持适当的神秘感，进而引导观众点击观看。字幕要么简单直白，要么有趣好玩，这样可以有效增加点击率，如图5-6所示。

图 5-6 加字幕的短视频封面示例

　　二是封面比较有冲击力。比如颜值高的女生、画面颜色比较丰富、短视频内容中比较有代表性的某张画面截图。

（3）内容

　　内容是本质，只有优质的内容才能有更高的播放量。想要提升短视频的播放量，短视频运营者在内容制作的时候，就要尽量地主攻那些振奋人心的内容方向，或是以价值性、知识科普类内容为主。

　　当然，提供优质的内容并不是很容易就能实现的。但是，短视频运营者也要抱着尽善尽美的心态去做短视频内容，先满足优质短视频的基本要求，比如画面清晰、没有杂音、美观整洁、字幕无误等。在达成这些基本要求的基础上，再追求如何在选题、拍摄、剪辑和后期上让内容更出彩，以此传递出更大的价值。

3. 及时回复用户的评论

不少短视频运营者在短视频发布之后就结束了动作，其实短视频发表之后要记得保持互动，及时回复用户的评论。及时回复用户的评论看似是一个很小的动作，却发挥着重要的作用。即便是一些百万级的短视频博主，他们在发布短视频后也非常注重互动。例如，知名电影解说领域的短视频博主"刘老师说电影"在发布了一个视频后，会再次转发，并称"如果我不捞一下，是不是有人就错过昨晚的更新了？？？"这一互动行为有效地为自己昨晚发布的短视频带来更多的曝光量，并提升活跃度，如图5-7所示。

图 5-7　给自己的短视频带来活跃度示例

所以，短视频运营者看到用户的评论后，即便只有两三条，也要及时回复。回复不仅会提升短视频的活跃度，还能增加短视频的曝光量。曝光率高，推荐及播放量也就越高。

4. 学会利用热度

利用热度也是快速提高短视频播放量的方法之一。在本章第3节的内容中，我们也讲到了短视频易爆话题之一就是热点话题。如果短视频运营者能够适当地利用热点，也会吸引大量用户观看视频。

所以，短视频运营者在制作短视频时，要多关注各大短视频热搜榜，根据榜单上的热点，选择与账号关联度高的热点参与。例如，××观点被大家广泛讨论，如果以此为主题创作短视频，相对而言也能获得较高的播放量。

除了利用事件的热度外，短视频运营者也可以使用热门的背景音乐。一般热门的背景音乐传播度比较广泛，节奏欢快悠扬，使用热门的背景音乐不仅会让用户有熟悉感，还会对短视频抱有期望，有继续观看短视频的冲动。

5. 选择在合适的时间发布

在不同的时间点发布短视频内容，也会影响短视频的播放

量。要想快速提高短视频的播放量，就要选择在用户浏览流量大的时间点发布。**一般来说，工作日的一天大约有4个阅读高峰期，分别是早上8—9点，中午12—下午2点，下午5—7点，晚上9—11点。休息日发布时间一般没有严格的限制。**在这些时间点里，是用户集中使用手机浏览新闻、观看短视频（包括视频）的时间。所以，短视频运营者若是在这些时间点里发布短视频，也能以一种快速的方式提升短视频的播放量。

总之，短视频运营者要想快速地提高短视频的播放量，可以从以上5点入手，以达到提升短视频播放量的目的。

第 **6** 章
短视频营销与变现

▶ 短视频营销与变现是短视频运营中非常重要的一个环节，也是所有短视频运营者非常关心的一件事情。对于短视频运营者来说，重要的是了解短视频常见的商业合作模式、容易变现的账号类别和火热的变现模式，以便更好更快地走上变现之路。

第 1 节
短视频平台变现行情

在移动互联网红利期逐渐消退的时代，短视频依然是迅速发展的新流量池，几乎是唯一在不断增长的明星级应用领域。

据2020年10月12日，中国网络视听节目服务协会在成都发布的《2020中国网络视听发展研究报告》显示，短视频已成为用户"杀"时间的利器，人均单日使用时长增幅显著。截至2020年6月，短视频以人均单日110分钟的使用时长超越了即时通信。在网络视听产业中，短视频的市场规模占比最高，达1302.4亿，同比增长178.8%。

这样的数据背后是巨大的流量红利，各大短视频平台都开始探索流量变现的路径和模式。当下以及未来，短视频平台变现行情都有哪些特点，短视频运营者又该如何把握？这将是本节重点探讨的内容。

1. 短视频平台变现的四大趋势

随着短视频平台的发展日趋成熟，短视频平台在变现模式的摸索上朝着品类红利、供应链驱动、店铺驱动、精细化运营四大趋势发力，如图6-1所示。

图6-1　短视频平台变现的四大趋势

品类红利。对于短视频运营者而言，短视频下半场之争需要短视频运营者做好个人的精准定位，一方面精准的内容定位对应的是精准目标用户的筛选，另一方面也方便后续的变现。例如，服装、美妆、美食、育儿等短视频强势品类，均精准地对应着相应的用户群体与广告主。因此，在垂直细分领域扎实做内容并且保证持续的内容输出，通过优质的内容占领用户和广告主的心智将变得越来越重要，让用户和广告主想到某些内容时能够立即想到你就是变现的重要策略。

对于平台而言，一方面扩充更多垂直领域的品类已成为差异化竞争的一个环节；另一方面扩充更多垂直品类既意味着能够承载更多的短视频运营者和用户，也能让更多垂直品类的优质创作者脱颖而出，加快流量变现的步伐。

供应链驱动。虽然短视频的带货能力很强，但在这些带货的背后，其实要关注的一个最核心的点就是供应链。如果供应链不完善，变现的机会将非常渺茫。未来，短视频带货一定是受供应链驱动的。很多短视频运营者做短视频带货是没有供应链的，更没有能力去组建自己的供应链。在这种情况下，想要实现变现几乎是不可能的。所以，搞定供应链将成为短视频变现的重要工作。

店铺驱动。随着短视频变现模式越来越成熟，将会有越来越多的有店铺的短视频运营者加入其中，也会涌现大批的短视频运营者开设自己的店铺。这也意味着未来会有越来越多的短视频运营者通过店铺驱动变现。

精细化运营。精细化运营是一种针对人群、场景、流程做差异化细分运营的运营策略，是结合市场、渠道、用户行为等数据分析，对用户展开有针对性的运营活动，以实现运营目的行为。从流量角度来说，精细化运营就是让流量价值最大化。从用户角度来说，就是"看人下菜碟"（指投机取巧对人不能一视同仁的做法）"见人行事"。例如，用户会点击自己喜爱的短视频运营者制作的短视频，并通过评论、点赞、转发、赞赏、投币等方式表达自己的喜爱。

未来，短视频平台会更关注流量的有效利用，强调精准，更多地去关注现有流量的价值。同时，也更关注用户细分，通过用户分析刻画出足够完整的用户画像，为用户制订、设计能够被他们喜爱的内容。

2. 短视频平台变现主抓的三个核心领域

在存量竞争的基础上，未来短视频变现要抓住三个核心领域。

一是控制流量——降低流量的获得成本。

短视频变现的本质是一门粉丝资产、流量采买的生意。从商业终局来看，谁能持续地将有效流量的获得成本降到最低，谁就能持续获得竞争优势。短视频平台的属性也注定了平台是最大的赢家。为了吸引更多的用户，短视频平台也会有意控制流量。

二是控制店铺——提高流量的变现效率。

未来的短视频平台，到底是店铺资产重要，还是账号资产重要？这里我们以抖音平台为例，未来抖音小店会不会有商品搜索型流量？抖音小店会不会有手淘（一款微信智能营销系统）首页这样的流量入口？抖音小店该如何解决店铺最重要的复购问题？

即便抛开对抖音小店作为电商基础设施的功能完善度的担忧，只考虑中短期的投资回报率，其实店铺资产的价值也远高于账号资产。事实上，目前的抖音小店具备很多野蛮生长期的抖音默许的特殊红利，越早进场，越能实现某种层面上的原始积累。

三是控制货源——提高资金的使用效率。

不可否认的是，虽然短视频平台具有强大的带货能力，但是有的产品退货率非常高。例如，抖音某服装类短视频账号公布

了自己的店铺运营情况：最近3个月平均月销千万元，佣金百万元，但是算上人员开支和投放费用，只赚了2万元。很多用户对此表示质疑，该博主进一步解释是因为服装类产品的退货率高达70%。事情可能确实如此，5000万元一个月的GMV（网站的成交金额），50%以上的退货率，300多万元的带货佣金，将近200万元的广告投放费用，几十万元的团队工资和差旅费用，最后能到手的利润并不多，甚至是亏损。

反观以"罗拉密码"为代表的线下服装店在抖音却运营得风生水起，他们一般能轻松月销数百万元甚至上千万元，退货率不到25%，线下店铺还能消化退货和断码款式的情况，利润率甚至可以达到50%。以"罗拉密码"为代表的线下服装店最大的特点是只卖自己家的货，不卖别人的货。他们自己生产，自己开店铺，自己直播，把产业链上所有环节的利润都赚到。而且他们的主播一般都是拥有7年以上资历的超级买手，甚至本身就是服装设计师，他们非常了解什么样的衣服退货率低又上镜。

所以，未来短视频变现要紧抓货源环节，控制货源，选择优质的、稳定的、性价比高的货源，这才是短视频流量稳定变现的有力保障。

总体来说，短视频平台的变现行情还是可观的，但是短视频平台的变现模式和环节中还有很多需要规范、完善的地方。如果短视频平台的变现模式能够不断优化，短视频将迸发出更强大的变现力量。

▶ 第 2 节
短视频的四种商业合作模式

短视频平台和内容创作者在经历了流量积累后，开始积极探寻短视频营销和变现之路。这几乎是所有的短视频运营者非常关心的一个问题：如何通过短视频成功变现。

从整个市场来看，目前短视频商业合作模式的形式主要有4种：第一种是商业制作和广告推广，第二种是短视频电商，第三种是用户付费，第四种是短视频IP化运作，如图6-2所示。

图 6-2　短视频的四种商业合作模式

1. 商业制作和广告推广

短视频商业制作和广告推广是一种比较常见的短视频商业合作模式，短视频运营者通过与商家和品牌方合作，实现互利共赢。

（1）短视频商业制作

短视频商业制作是指短视频运营者根据商家和品牌方的需求策划、发布、推广与品牌相关的优质、高度传播性的短视频内容，达到推广品牌、带动产品销量等目的。一般来说，用于商业制作的短视频不同于常规的内容创作，短视频运营者需要将商家和品牌方的想法和需求很好地融入短视频中，既不能显得突兀，又不能让用户和粉丝抗拒。

例如，知名的电影解说领域的短视频账号"阿斗回来了"与某款手游商家合作，在完整地解说完和该款手游术语同类主题的电影剧情后，用一句"故事没有任何收尾就戛然而止了，是不是有一点意犹未尽呢？没有关系，小道士江酌月一路收妖除魔的故事才刚开始……"衔接到对该款手游的介绍，让人印象深刻。

（2）短视频广告推广

短视频不同于长视频，不太适合做贴片和冠名，短视频运营者需要依靠信息流或者广告内容原生化，在不影响用户体验的基础上，将商家和品牌方需要传达的东西传递给用户。短视频广告推广就是短视频运营者在视频中插入商家和品牌方的广告信息，以帮助商家和品牌方宣传新品、提高品牌知名度、带动产品销量等。

广告推广从形式上可分为形式原生和内容原生。形式原生是指从内容上直观地介绍产品功能信息或品牌信息；内容原生是指短视频运营者根据品牌、平台、内容生产者三方的调性来确定适合的短视频讲述方式，通过趣味性、故事性打动用户，达到广告投放的效果。例如，在抖音短视频平台上，很多短视频达人通过形象代言、互动贴纸、发起挑战、植入广告等各种巧妙的方式进行品牌合作营销，在满足企业方要求的同时，自己也能获得分成。

2. 短视频电商

短视频电商也是一种火热的商业合作模式。根据Trustdata数据调查显示，88%的互联网用户社交时会使用短视频，79%的用户利用短视频来获得新闻消息，约41%的互联网用户会通过观看短视频进行电商购物。短视频展示了图文所不具备的丰富全面的真实场景，再加上其精准切中痛点，更容易从心理上打动消费者，激发购买行为的产生。

短视频电商主要有以下两种模式。

一是自营品牌电商化。自营品牌电商化是商家和品牌方或者个人经营者售卖自己的产品。有不少短视频平台为内容创作者提供了商品橱窗功能，内容创作者可以通过开通商品橱窗添加符合

第三方平台要求的商品进入自己的橱窗展示，在发布短视频作品时可以将商品链接直接添加其中，受众点开链接即可跳转到第三方购物平台进行下单购买。

二是平台模式电商化。平台模式电商化与自营模式电商化是相对的。简单地说，平台模式就是短视频运营者与商家和品牌方合作，以短视频作为流量入口，通过售卖商家和品牌方的产品，赚取佣金。用户在观看短视频时，商家和品牌方的链接会附带在下面，用户若是心仪某产品即可下单。

综合来看，目前短视频电商模式尚未大规模发展起来，未来将会有很大的成长空间和广阔的市场，会有越来越多的短视频运营者与电商平台联动。

3. 用户付费

用户付费主要表现为短视频运营者和平台的合作变得越来越紧密，尤其随着移动支付的便捷化，优质内容的催生，用户付费渠道已经成为短视频平台的重要收入来源。用户付费主要表现为三种方式，即用户打赏、会员付费、产品付费。

用户打赏。用户打赏的方式起源于直播平台，打赏以虚拟形式呈现，但最终可兑换成金钱，内容制作方的收益要与平台方分成。此种盈利渠道虽然在短视频平台中没有被广泛应用，但也是一个值得关注的领域。

会员付费。会员付费的盈利形式在长视频市场已经取得了不错的业绩，例如，很多热播电视剧在影视平台采取会员付费形式播出，受到广大用户的追捧。短视频的会员付费虽然不敌长视频的付费能力，但是随着短视频的不断发展，未来短视频平台在会员付费领域也会取得可观的成绩。

产品付费。产品付费是指用户为了完整地观看某一个视频而进行的付费行为。在产品付费形式中，知识类视频、技术类视频由于内容具有较高的专业价值，所以成为垂直内容付费的突破口。

4. 短视频 IP 化运作

短视频IP化运作是指将短视频账号运作成一个自主知识产品，利用产品大大提高盈利空间。通过持续输出优质的短视频内容，多渠道的分发策略及IP衍生的打造，不断提升该账号的知名度和影响力。尤其是矩阵式的分发可获得多个平台的流量积累和分成，围绕一个短视频IP衍生的一系列收入甚至超过短视频本身所带来的利润。

例如，李子柒利用短视频IP成功打造了李子柒旗舰店，将视频中的美食直接放到网上售卖，销量十分可观。

在某种程度上说，短视频市场能否健康发展，依赖于商业合作模式的成熟与完善。这需要内容生产者、平台、用户等多方协同。目前短视频商业合作模式还处于探索阶段，未来还有很长的

路要走。不过，随着短视频市场的不断发展，相信未来还会出现更多的商业合作模式。

第**3**节
短视频矩阵营销

由于短视频平台的账号间粉丝和流量的流动性较强，单个账号的发展具有局限性，因此短视频矩阵营销的"组团发力"策略成为一种应用广泛的打法。

所谓矩阵营销，其实就是多渠道营销，对短视频而言就是多平台或多账号营销的方式。矩阵营销的好处，其实就是有更多的流量入口，不同平台或账号之间可以进行资源互换，提升总体的粉丝数。短视频矩阵营销有两种模式，如图6-3所示。

图 6-3　短视频矩阵营销的两种模式

1. 多平台账号矩阵

多平台账号矩阵营销，是指在多个平台建立账号，制作内容并发布。通过观察一些做得大的短视频账号，我们会发现他们会在各大平台上都开设账号，如微博、抖音、快手、今日头条、哔哩哔哩、小红书等平台，在形成矩阵营销的同时也能提升自己的影响力。

我们以某知名短视频账号为例，截至2020年10月9日，其微博粉丝量为46万，哔哩哔哩的粉丝量为1709，抖音的粉丝量为1105.6万，今日头条的粉丝量为12万，小红书的粉丝量为3.5万，如图6-4所示。虽然在不同平台上的粉丝存在部分交叉，但

图6-4 多平台账号矩阵示例

是多平台账号矩阵仍然可以综合提升账号在各大平台的影响力，账号间彼此帮扶带流量，进一步提升知名度，获得更广阔的盈利空间。

短视频多平台矩阵看似简单，只需要短视频运营者在各大短视频平台开设自己的账号即可，但是要想做好短视频平台矩阵运营，还需要短视频运营者多熟悉各大平台的规则，做好调研和分析工作，具体要注意以下两点。

一是先了解所要入驻平台的目标用户是哪些，是否与自己产品的目标用户相重合。如果重合度太低，那么吸粉效果就会不理想，营销效果也不会太好，反而会浪费时间和精力。例如，短视频运营者的目标用户与小红书上的目标用户重合率很低，如果选择在小红书上发布，很难获得理想的效果。

二是确定不同平台之间发布的内容是否可以相同。如果短视频运营者在所有的平台上都统一更新同一内容，也很难取得理想的效果。因为在不同的平台，目标用户和用户浏览高峰期并不一样，视频时长要求也不一样。所以，短视频运营者要根据各大平台的特点发布更符合该平台特性的短视频内容。

以某知名短视频账号为例，该账号博主在小红书上主要以分享日常生活为主，所以发布的短视频内容多为"搞笑内容"；在哔哩哔哩短视频平台上，其发布的内容几乎与微博上发布的内容同步，因为这两个平台的目标用户重叠度较高，如图6-5所示。

综上，短视频运营者在做多平台账号矩阵时，千万不能抱有

图 6-5　根据平台属性投放不同的短视频示例

将同一短视频在同一时间发布到各大平台即可完事的心态，而是要根据平台和用户的特征，做出一定的区别，这样才能抓住所入驻平台的用户。

2. 内容多元矩阵

内容多元矩阵是指短视频运营者制作出不同类型或内容的短视频，吸引更多的用户群体。

例如，papi酱在微博上除了开设"papi酱"账号外，还开设"徐汇一只猫"（个人小号）、"papi家的大小咪""papi的小师妹""papitube"的账号。其中账号"徐汇一只猫"主要分享的是个人生活和日常所感;账号"papi家的大小咪"是宠物账号,分享的是两只猫猫的视频;账号"papi的小师妹"分享的多是与papi酱有关的工作视频;账号"papitube"是公司账号,分享的多是公司事务等,不同的账号给用户提供了不同内容的短视频。

内容多元矩阵一方面能够获取更多的目标用户,另一方面能将现有用户吸引到其他类型的账号,实现资源互换。

值得一提的是,如果短视频运营者选择内容多元矩阵营销,建议采取单平台内容多元矩阵营销。一方面平台单一,人数要求不高,可以节约成本;另一方面,单一平台专注度更高,对平台规则能更好地把控,运营起来更高效。需要强调的是,单平台运营,不同账号之间发布的内容不能完全一样,否则不会被平台推荐。

一般来说,内容多元矩阵一般有以下几种玩法。

一是独立的短视频账号之间相互客串。抖音短视频账号"仙女酵母",这个账号曾在一个月内涨粉80多万,人设是"接听三界电话的仙女",顶着一头精致的卷发,穿着复古宫廷风的长裙,戴着各种华丽的帽饰。

在"仙女酵母"的视频中,时常会出现其他同一多频道网络旗下的账号,比如以"用书本解答问题的吸血鬼伯爵"为人设的"猫舌张"、以"日常和魔镜对话的女王"为人设的"Yuko和魔镜"。

　　这些账号都有着相似的魔幻画风和设定，通过这种不定期的互相客串，既增强了彼此的互动性，又可以借助"仙女酵母"的粉丝基数给其他两个账号导流，由此形成内容多元矩阵。

　　二是打造统一画风的短视频账号。例如，文弘音乐旗下一共有18个抖音号，画风保持一致，都是以真人头像作为账号头像，但所有的账号名称都统一标注"文弘音乐"，如图6-6所示。

　　这样的矩阵运营既可以极大提升品牌在平台上的曝光，又能够为旗下的其他短视频账号带来更多的曝光度和流量。

图 6-6　打造统一画风的短视频账号示例

三是账号出自同一个人IP，但账号类型不同。例如，"柚子cici酱"和"柚子买了吗""柚子柚子的一天"就是一个典型的例子，它们虽然出自同一个人，但账号类型不尽相同。其中"柚子cici酱"是剧情类账号，柚子会在视频中为闺蜜出气，展现出霸气侧漏的一面；"柚子买了吗"则是种草账号，推荐各种美妆产品；"柚子柚子的一天"与"柚子买了吗"类似，也属于推荐产品的种草账号，但内容更丰富，包括美妆、护肤、穿搭、美食、玩乐等。

四是家庭联动，各人承担不同的人设。家庭成员是一种天然的矩阵，他们不仅可以同时在某一个主账号的作品中出镜，还可以以拍摄者、非出镜的角色，吸引主账号粉丝的关注。当主账号粉丝数量稳定后，可以联动开设账号。在短视频平台上，不少短视频账号火了以后，会带动全家开设短视频账号，家庭中的每个人根据自身的特色塑造不同的人设，同样也可以形成内容多元矩阵。

例如，抖音号"祝晓晗"就是家庭联动，内容多是以父女之间发生的各种搞笑故事为主。其中女儿"祝晓晗"的标签是单身、吃货、蠢萌；爸爸"大纯"的标签是有爱、善良、努力工作、爱欺负女儿；老妈是后来引入的角色，一般为画外音形式，她的定位是彪悍、霸道、真正的一家之主。

除了"祝晓晗"的账号外，她的爸爸在抖音也开设账号，名为"老丈人说车"，定位是"蠢萌闺女和操心老爸的学车故事，专业中还有点暖"。两个账号的粉丝量都非常可观，如图6-7所示。

对于短视频运营者来说，要想加快短视频营销和变现之路，提升账号的知名度和影响力，就要积极践行矩阵营销，通过多平台账号矩阵吸聚不同平台上的用户和粉丝，通过内容多元矩阵给用户提供更丰富的内容，进一步吸引更多的用户。

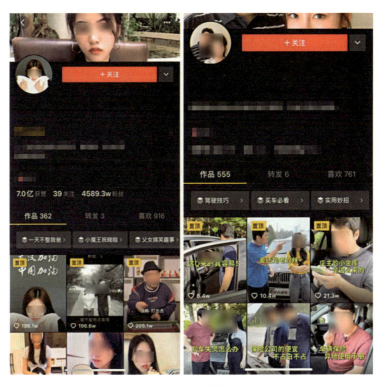

图 6-7　家庭联动式内容多元矩阵示例

第 4 节
七种账号类别变现模式

从某种程度上说，任何不能变现的短视频运营都是在浪费时间和精力。如果花了很多时间和精力去运营短视频账号，但变现之路却遥遥无期，相信会让不少的短视频运营者感觉无力。

所以，对于短视频运营者来说，与其想什么时候才能变现，不如从几种走势正红的账号类别变现模式中开始思考，去做能够变现的账号类别，这样更容易走上短视频变现之路。接下来具体介绍七种账号类别变现模式，如图6-8所示。

图 6-8　七种账号类别变现模式

1. 直播 + 橱窗带货类

直播+橱窗带货类账号就是专一做带货，拥有一批高质量的忠实粉丝，充分利用短视频平台的直播功能和橱窗带货功能实现变现，常见的就是好物推荐、服装搭配、美妆导购等。这类账号只要火了一个短视频就能带来不菲的收入。例如，在抖音短视频平台上，有很多短视频运营者都在做美妆、服装、护肤、农产品等直播带货，销售量和收入也非常可观。不过，要想在抖音开通橱窗功能，需要满足粉丝数不少于1000人，视频不少于10个，实名认证等条件。

简单地说，直播+橱窗带货类账号的变现方式有带货、打赏、品牌广告等。

2. 打造IP化的账号类

IP化账号是指充分地借助自己的特长在某一细分领域打造出个人或品牌IP，吸引第一波种子粉丝，然后借助种子粉丝不断裂变延伸。IP化账号的变现空间十分巨大，能够带来巨大的收益，既能够与商家和品牌方合作，也可以接广告代言、橱窗带货等。

当然，要想打造一个成功的IP化账号并不是一件容易的事情。从某种程度上说，当一个账号的知名度较高、粉丝数量比较多，这时比较容易打造成IP化的账号。

3. 企业蓝V账号类

随着短视频的火热发展，不少商家和品牌方也纷纷入驻各大短视频平台，这类账号通常称为企业蓝V账号。对商家和品牌方来说，可以在短视频平台上进行短视频内容生产、实现用户沟通、促进销售转化。优秀的企业号内容为品牌方带来了正向曝光，在粉丝增长和销售转化、提高知名度和影响力等方面起到了积极的带动作用。例如，小米、三只松鼠等企业在抖音平台均开设了蓝V账号。

除了知名的品牌账号外，小商家和小品牌方在短视频平台上也大有可为。小的商家和品牌方也可以通过拍摄短视频的方式展现自己的产品，全国各地的用户都可以网上订货，甚至直接到商家所在地去购买、消费产品，这也能达到带动产品销量的目的。

当然，对于大部分的小商家和品牌方而言，通过拍摄短视频带动产品销量上升是一件困难的事情。此时小商家和品牌方就要去找同类型中做得好的企业账号，仔细研究并分析他们的选题是什么样的，分析他们的视频内容甚至是视频拍摄角度和细节，寻找自己做得不到位的地方。

需要强调的是，即便是企业号也不能直接发广告。例如，抖音平台有明确规定，不能长时间（大概是3秒）展示品牌主题或品牌标识，视频内容不能是营销性特别明显的广告。如果企业一直发企业宣传片、产品宣传片、公司广告片，就会被平台提示营销性太强，导致账号被限流。

4. 颜值才艺类

颜值才艺类账号的主要特征是以人为核心，突出人物特征本身、凸显个人IP。视频里的出镜人物往往有着长相姣好、身材窈窕、笑容甜美、容貌清新靓丽、有特别才艺等特点。

这类账号的内容多是展现靓丽的容貌和表现唱歌、跳舞、弹琴等才艺，拍摄手法比较简单，但是仍然吸引了十分可观的粉丝量，甚至有的账号粉丝量已达到百万级、千万级。

这种类别账号的变现方式也比较简单，它可以与商家和品牌合作、接广告、直播打赏、赞赏等方式实现变现。

5. 知识付费类

随着用户对知识付费的接受度和认可度越来越高，知识付费类账号也是一种利润空间比较大的账号类型。这类账号常常介绍一些知识和技能方法，如PPT制作技巧、英语学习、写作技巧、短视频拍摄技巧等，以知识付费的形象出现，通过持续专业的个人技能分享，逐步获得用户认可。

一般来说，课程变现是常见的知识付费类，也就是通过售卖知识课程付费。例如，在抖音和今日头条平台上，有很多短视频运营者通过售卖PPT课程吸引几十万甚至百万级的粉丝关注。**知识付费类变现模式有售卖知识和技能课程、用户和粉丝的订阅和**

打赏。从长远来看，订阅和打赏是未来短视频行业中十分可观的盈利模式。

当前应用商店流行的视频类知识付费软件大致分为三种类型：第一种是综合内容的视频知识付费，如网易云课堂，不同名师开设不同领域的系列课，受众可根据需求进行购买；第二种是单一领域的视频知识付费；第三种是视频直播互动类知识付费。

当然，对于知识付费类短视频账号，短视频内容付费能不能像直播打赏、长视频和音频付费那样让用户形成购买习惯，能不能让用户买单，主要依据两点：一是能否持续输出高质量的内容；二是能否解决用户的问题，从而让用户愿意掏钱购买。

6. 种草卖货类

以卖货、带货、销售产品为导向的短视频账号，叫作种草卖货类账号。

相较于其他类型的短视频账号，种草卖货类账号有着三个明显的优势。

一是变现速度更快。表现为利用短视频带货，用户完成购买后，短视频运营者即可赚取佣金。

二是变现路径更短。表现为用户看完视频、直播，点击购物车，即可直接购买。

三是操作门槛更低。表现为只要在短视频中将你想要种草的好物的特质展现出来，打动用户购买，就有变现的机会。

种草卖货类账号和直播+橱窗带货类账号很像，但是种草卖货类账号常常以短视频的方式呈现，并且集中在一期的短视频中展示一种或某几种好物，解说时间多在5分钟左右，没有直播+橱窗带货类账号动辄几个小时的时间长。

7. 美食探店类

都说"唯美食与爱不可辜负"，这句话体现出人们对美食的强烈喜爱之情。从当前市场看，美食探店类短视频账号也是变现较好的账号类别。美食探店类短视频账号的变现模式是与商家和品牌方合作，通过到商家所在的店铺位置，为店铺引流，吸引当地人和别的地方的用户前去消费。

美食探店类账号的优势在于能够以身临其境的方式将店铺的环境、客流量、特色如实地向用户展现出来。如果商家的食物确实美味，吸引人，相信凭借着短视频的极大传播量会给店铺带来不错的流量和传播度。

美食探店类账号的变现模式主要是商家支付的佣金，所以这一条线的商业模式基本是闭环的。但是又因为美食店铺众多，佣金相对可观，所以美食探店类账号也不失为一个好的变现模式。

以上七种账号类别是比较常见的且做得比较好、容易变现的账号类别，对于短视频运营者来说，短视频变现远比粉丝上涨重要，如果以变现为导向选择账号类别，相信变现之路会更快地到来。

▶ 第 5 节
短视频变现十大模式

对于绝大多数的短视频运营者来说，变现是他们非常关心的事情。因此，我反复强调，对变现的关注要贯穿短视频运营的始终。不管是在定位阶段还是在创作、推广阶段，短视频运营者都要思考如何变现。否则，短视频运营就失去了价值。

短视频发展至今，变现模式包括平台补贴、渠道分成、广告变现、电商变现、内容付费、直播变现、粉丝打赏等十大模式，如图6-9所示。这一节我们将对这十大模式分别展开介绍。

1. 平台补贴

平台补贴是指平台为了吸引更多的内容创作者，所做的一些

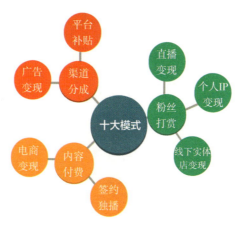

图6-9   短视频变现十大模式

激励政策。很多短视频平台会根据短视频创作者的播放量给予相应的补贴和扶持。如果某个短视频账号连续几天有原创高质量视频发布，就会奖励现金。

平台补贴适合踏实做内容的短视频创作者。能够给用户输出有价值的、独特的、少见的短视频内容往往更容易获得补贴。例如，微视平台的寻找牛人计划，平台会给拥有一技之长的短视频达人，包括技工、厨师、裁缝等扶持奖金。

对于想要通过平台补贴的途径变现的短视频运营者来说，要多关注平台的扶持计划，甚至是随时跟进平台新出的补贴计划和扶持方向，并积极参与，通过高质量的、符合主题的短视频作品来获得平台的补贴和扶持。

2. 渠道分成

渠道分成就是平台分给短视频运营者的广告费，几乎每个短视频平台都设有渠道分成。以西瓜视频为例，短视频播放过程中会有几秒的广告时间，每播放一次广告，短视频运营者就可以获得相应的广告收益。播放量越高，所获得的广告收益（短视频收益）也就越多。此外，广告收益也与账号的粉丝量、短视频的原创度息息相关。一般来说，粉丝量多的、原创度高的短视频所获得的广告收益也比较高。

渠道分成的优势在于不需要经过复杂的转化路径且没有门槛，只要短视频有播放量就拥有收入，入门也很简单，是一种几乎适合所有短视频运营者的变现模式。

3. 广告变现

当短视频有了一定的粉丝量和播放量后，就可以通过广告变现。所以，广告变现是一种常见的短视频变现模式，大致分为以下4类。

一是冠名广告。冠名广告是指在短视频开头加上赞助商或者广告主名称进行品牌宣传、扩大品牌影响力的广告形式。这种广告形式在电视剧、综艺节目中比较常见，广告的金额也会比较大。不过，对于只有几分钟甚至几秒钟的短视频来说，想要采取这种冠名广告的形式实现变现并不容易。

二是贴片广告。贴片广告是随着短视频的播放加贴一个专门制作的广告，一般会放在短视频的开头或者结尾。这种广告形式触达率比较高，是很多广告主比较喜欢的合作方式，但是相较于其他广告形式，短视频运营者的收入会低一些。此外，这类广告的出现会让用户感觉有些突兀，因为广告内容与短视频本身的内容可能存在不相关的问题，会给用户带来不太好的观感体验。所以，想要打造IP、重视口碑的短视频运营者要谨慎采取贴片广告的变现方式。如果短视频运营者只是想要快速变现，这种方式则是既稳妥又简单的方式。

三是植入广告。植入广告是将某品牌或产品的广告信息植入短视频情节当中，让观看者不知不觉中熟悉或重复记忆这一商品或产品。与冠名广告和贴片广告相比，这种广告和短视频内容融合得较好，对用户的观感体验影响较小，所以用户接受度也比较高。但是，植入广告操作起来比冠名广告和贴片广告的难度大，需要短视频运营者具有较强的策划能力，能够自然地将广告植入短视频中，与短视频内容相契合而不显得突兀，否则也会让用户产生抗拒的感觉。

四是品牌广告。品牌广告是只将品牌名植入短视频中，植入的形式可以是冠名也可以是贴片，还可以是植入。不过，品牌广告强调的多是知名的大品牌。品牌广告不仅收益高，而且还能借助品牌自身的流量为短视频账号引流。但是，想要和大品牌合作

并非易事。一般大品牌会找知名度高、粉丝量多、与品牌调性相符合的短视频账号进行合作。例如，美妆品牌会找美妆领域的关键意见领袖合作，让美妆关键意见领袖展示自己的品牌特色和产品特征。所以，一般的短视频运营者较难接收到品牌广告的邀请。

对短视频运营者来说，广告变现的收益十分可观，也相对比较容易，甚至粉丝数量只在万级的短视频运营者都能接到广告。

4. 电商变现

电商变现的形式比较多样，像我们在上一节提到的直播+橱窗、种草卖货均属于电商变现。电商变现无论是对于短视频运营者还是短视频平台，甚至是第三方电商均是非常好的收益来源，所以逐渐成为短视频的主流变现模式。

短视频运营者要想实现电商变现，首先必须确定货源，也就是采取哪种电商模式。一般来说，短视频电商变现有两种电商模式，一种是自营电商，另一种是和第三方电商合作。

自营电商。自营电商的特征是以标准化的要求，对其经营产品进行统一生产或采购、产品展示、在线交易，并通过物流配送将产品投放到最终消费群体的行为。对于短视频运营者来说，自营电商就是短视频运营者通过开通短视频平台自带的橱窗功能、小店功能等方式，销售自己生产或者采购的产品。因为没有中间商，自营电商的收益一般较高，但对短视频运营者的货源能力要求也非常高。所以一般只有拥有自己的产品或拥有稳定的供货渠道的短视频运营者会选择自营电商的变现模式。例如，很多果农、瓜农会通过自营电商的方式销售自家的蔬果。

和第三方电商合作。和第三方电商合作又分为两种，一种是和第三方电商平台合作，如淘宝客、京东联盟等；另一种是和第三方商家或品牌方合作。不管是和谁合作，一般都是通过橱窗功能帮助商家卖货，从中获得分成或佣金。这种模式的收益相对自营电商要少，但操作简单，适合绝大多数短视频运营者。

5. 内容付费

内容付费也叫作"知识付费"，包括视频、音频、图文、直播、活动、社群、问答、商城等内容付费形式。短视频内容付费模式一般适合将自身的一些经验或专业知识通过短视频进行分享的运营者。但是，由于短视频的时长有限，所以内容付费模式不太适合单条短视频，一般是以专栏、课程的形式存在。

所以，内容付费模式仅适合一些在某一领域有丰富经验或知识的运营者。同时，还需要运营者有较强的选题策划、制作以及持续输出的能力。

6. 签约独播

签约独播是短视频运营者与平台签订一份合同，约定其创作的短视频只能投放到签约平台，不能再投放其他的平台，即签约平台花钱买断短视频的播放权，签约金较高。通常情况下，一般的短视频运营者很难做到这一点。除非短视频运营者拥有庞大的粉丝群并且能够持续输出精品内容，否则很难拥有签约独播的机会。

7. 粉丝打赏

粉丝打赏是指粉丝通过投币、赞赏等方式支持短视频运营者。例如，今日头条原创短视频可开通赞赏功能；哔哩哔哩的短视频运营者则通过用户和粉丝投币和充电打赏；抖音和快手短视频运营者通过直播获得粉丝的打赏，如图6-10所示。

几乎所有的短视频运营者都可以通过粉丝打赏变现。只要内容受到用户和粉丝的喜爱，他们就会主动打赏。但是在不同的平台有不同的规则，比如今日头条的打赏功能需要作者发布原创短视频。哔哩哔哩的投币功能并无原创限制，只要粉丝心仪这个短视频就可以投币支持。

与别的短视频平台不同，哔哩哔哩平台的短视频运营者可以在短视频的开头和结尾部分引导粉丝打赏。例如，很多短视频运营者会在开头页面写着"点赞、评论、投币，你会越来越幸运"

图 6-10 粉丝充电短视频截图

等，或者在视频结尾处说"如果这期短视频点赞过10万，投币过5万，下一期节目我熬夜也要给小伙伴们'肝'出来"等。

8. 直播变现

不少短视频运营者的粉丝量达到一定程度后（至少几万或者几十万），可以通过直播的方式进行变现。既可以在直播中通过售卖商家和品牌方的产品变现，又可以通过用户和粉丝的打赏的方式变现。但是，直播对短视频运营者个人的表现能力有一定的要求，如果短视频运营者个人变现能力不佳或者口头表达能力不佳，很可能适得其反。

9. 个人 IP 变现

个人IP变现多见于多频道网络机构，把短视频运营者打造成网络红人、原创歌手、模特等。关于个人IP变现我们在上一节"IP化的账号类"的内容中也做了简单介绍，既可以通过开直播带货、打赏挣钱，也可以自营品牌、售卖IP周边、参加线下活动等。接下来，我们具体分析IP变现的这几种方式。

一是开直播带货。 是指短视频运营者通过直播帮助商家和品牌方带货，从销量中赚得部分佣金。

二是打赏挣钱。 是指每发布一期短视频，用户和粉丝通过赞赏、投币、充电等方式表达对短视频运营者的支持和喜爱。例如，Max街舞小霸王的某期短视频在哔哩哔哩平台获得77个投币，如图6-11所示。

三是自营品牌。 是指短视频运营者通过自营品牌挣钱，这表

图 6-11　通过个人 IP 变现的短视频示例

现在一些短视频运营者成为一个知名的IP后，会成立或设计自己的品牌，新生成一条运营变现之路。

四是售卖IP周边。是指与IP相关或短视频中出现的一些产品，比如玩偶等。

五是参加线下活动。是指短视频运营者通过接一些线下代言或参加一些剪彩活动等形式实现变现。

虽然变现形式丰富，但这种变现模式仅限于流量较大的IP账号，一般的短视频账号很难采取这种方式实现变现。

10. 线下实体店变现

线下实体店变现也可称为探店变现，我们在上一节中的美食探店类短视频账号提到过相关内容。

线下实体店变现也有两种方式：一种是帮助商家和品牌方的实体店变现；另一种是帮助自己的实体店变现。

帮助商家和品牌方的实体店变现时，短视频运营者通过店铺打卡的方式，介绍店铺环境、客流量、产品使用体验等，吸引用户到店消费，短视频运营者从中获得一定的佣金和广告费。

帮助自己的实体店变现与帮助商家和品牌方的实体店变现的方式差不多，都是要正面展示出实体店的特点。但因为是自己的店铺，可以灵活操作，比如在线上流量较大的时候临时策划一个促销活动、打卡活动等吸引用户到店消费。

需要注意的是，短视频运营者在接到商家和品牌方实体店打卡邀请时，需要提前做好充分的调研工作，了解该店铺的口碑如何。如果需要打卡的店铺口碑太差，短视频运营者若去打卡，不仅会影响自己账号的正面形象，还会伤害观看短视频的用户和粉丝的利益，这是一件得不偿失的事情。

从短视频发展的势头看，很多短视频运营者都是通过运营短视频成功变现。对于正在尝试或者尚未尝试的准短视频运营者来说，要想成功走上变现之路，可以从以上十大短视频变现模式入手，看看自己最适合采取以上哪一种或哪几种变现模式，并将其实践起来。

参考文献
Reference

［1］ 艾媒网. 手机行业数据分析：2019年中国人民日均使用智能手机时间为134分钟［OL］. https://www.iimedia.cn/c1061/70232.html.

［2］ 艾媒网. 手机行业数据分析：预计2020中国智能手机用户数量达到781.7百万人［OL］. https://www.iimedia.cn/c1061/67391.html.

［3］ 中国产业信息网. 2019年中国手机App数量、分类占比及用户规模分析［OL］. http://www.chyxx.com/industry/202005/864446.html.

［4］ 中华人民共和国中央人民政府. 第45次《中国互联网络发展状况统计报告》［OL］. http://www.gov.cn/xinwen/2020-04/28/content_5506903.htm.

［5］ 国家广播电视总局. 中国视听新媒体发展报告（2020）［OL］. http://www.gov.cn/xinwen/2020-04/28/content_5506903.htm.

［6］ 中国报告网. 2019年中国短视频行业分析报告-市场深度调研与发展趋势研究［OL］. http://baogao.chinabaogao.com/hulianwang/443805443805.html.

［7］ 人人都是产品经理. 抖音私域流量，如何做好引流与留存？［OL］. http://www.woshipm.com/kol/3744782.html.

［8］ 新浪财经. 中国人均每天花近6个小时玩手机，近四成时间在看短视频［OL］. http://finance.sina.com.cn/roll/2019-04-23/doc-ihvhiewr7798383.shtml.

［9］ 艾媒网. 短视频行业数据分析：2019Q3快手47.84%的用户年龄在24岁以下［OL］. https://www.iimedia.cn/c1061/70026.html.

［10］ SocialMarketing. 2020年，抖音用户画像分析报告［OL］. https://www.socialmarketings.com/articldetails/2562.

［11］ 艾媒网. 短视频行业数据分析：超七成短视频平台用户为初高中生［OL］. https://www.iimedia.cn/c1061/67767.html.